الطريق إلى
السعادة

د. أحمد عكاشة

الطريق إلى السعادة

الكرمة

لمزيد من المعلومات عن الكرمة للنشر والتوزيع: www.facebook.com/alkarmabooks

عكاشه، أحمد.

الطريق إلى السعادة / أحمد عكاشه ــ القاهرة: الكرمة للنشر والتوزيع، ٢٠١٥.

٢٠٨ ص؛ ٢٠ سم.

تدمك: 9789776467255

١ ــ الصحة النفسية.

٢ ــ السعادة.

أ ــ العنوان.

رقم الإيداع بدار الكتب المصرية: ٣٠٠٠ / ٢٠١٥

٢ ٤ ٦ ٨ ١٠ ٩ ٧ ٥ ٣ ١

تصميم الغلاف: كريم آدم

المحتويات

مقدمة
مفهوم السعادة

يجب أن يكون هدف الدولة هو إسعاد المواطن ولا يوجد أي وطن في العالم غير الولايات المتحدة ينص دستورها على أن الدولة يجب أن تسعى لإسعاد المواطن، وبالطبع يقصد بهذه الجملة الاهتمام بالبنية التحتية للدولة من توفير المسكن، الطعام، المواصلات، سيادة الأمن، التعليم والصحة. وسيشار إلى ذلك في متن الكتاب.

يتواكب مفهوم السعادة علميًّا مع الصحة النفسية، وجودة الحياة، والرضا النفسي، والنفس المطمئنة، والفضيلة، وراحة البال، والقدرة على الحب. وسنحاول في هذا الكتاب أن نفسر ما نعرفه حاليًّا عن مفهوم السعادة.

فالسعادة عملية عقلية، والعدوى بها واضحة في الابتسامة والضحك، لنا مَثَل في نوادي الضحك بالهند، حيث تدخل وتجد الكل يضحك دون سبب، وتجد نفسك بعد دقائق تضحك معهم دون سبب.

لقد تمكن العلم من اكتشاف الشبكات العصبية المخية

الكهروكيميائية المسؤولة عن التعاسة بكافة أنواعها من اكتئاب، قلق، وسواس قهري، هلع، هوس، الفصام والاضطرابات البارانويدية، الخرف، إلخ. مع وجود العلاجات المختلفة كتنظيم الخلل الموجود في الشبكات المخية الكهروكيميائية سواء بالعلاج المعرفي أو الدوائي أو تنظيم إيقاع المخ الكهربائي. ولكن حتى الآن لم نعرف المعادلة الكيميائية للسعادة، نعم نعرف الموصل الكيميائي للبهجة، ونعرف الموصل الكيميائي للطمأنينة ولكن للسعادة نتمنى اكتشاف تنشيط الشبكة العصبية المسؤولة عن ذلك.. بإذن الله.

على غير ما هو شائع فإن المال، القوة، والمنصب لا تضمن السعادة، فلا توجد علاقة بين كثرة المال والسعادة بل العكس هو الصحيح في أغلب الأحوال.

إن تعريف أرسطو للسعادة هو الالتزام بالفضيلة. ومن أهم سمات الفضيلة: الوسطية، الرحمة، العدل، الكرم، التواضع، الثقة، الصبر، الإنتاج، الحب، والاحترام للذات والآخر، كل ذلك أحجار متراكمة للوصول إلى تحقيق الذات والإنجاز والسعادة في الحياة.

ومن هنا نستطيع أن نستنبط أنه مهما تضخمت الثروة وامتُلكت السلطة ولم يكن هناك الالتزام بالفضيلة فلن تكون هناك سعادة!

وقد استعنت في هذا الكتاب ببعض المقالات، والمداخلات، وبعض ما كتبت في مؤلفاتي السابقة مع تغيير المحتوى، وذلك حسب التقدم والبحوث التي طرأت على الموضوعات المختلفة.

أ. د. أحمد عكاشه

نوفمبر ٢٠١٤

١

مفرحات النفوس الربانية والاكتئاب الوطني
حذار من اللامبالاة

لا يخفى على أحد أن الابتسامة اختفت من وجه المواطن المصري، وأن المصريين أصبحوا يعانون مما أطلق عليه الاكتئاب الوطني، وهنا العلاج ليس بيد الطبيب النفسي ولكنه بيد صانع القرار السياسي. وأسباب هذا الاكتئاب الوطني متعددة، منها غياب الحلم والأمل والهدف، خيبة تحقيق التوقعات، تهميش المواطن في عدم مشاركته مع التيار الحاكم وتهميش متطلباته حتى للحاجات الأساسية للحياة والتي أصبحت بدورها نادرة، الإحساس بالدونية لتعالي التيار الحاكم مما أعطى إحساسًا بالعجز واليأس، وهذا له تأثيره الواضح على الصحة النفسية مما يؤثر في الحماس للعمل أو الإنتاج أو الانتماء للوطن، وأصبح جزءٌ كبيرٌ من المصريين يعيشون على أرض مصر ولكنهم لا ينتمون لمصر، فيصبح المواطن منتميًا إلى ذاته أو أسرته أو قبيلته أو عشيرته، وقد زاد من ذلك التعدي على

القضاء والشرطة فضاعت هيبة الدولة واحترام الصغير للكبير وكأن هذه الخطة ممنهجة للوصول إلى غرض معين.

يوجد في الطب النفسي ما يسمى بالضلال؛ وهو الاعتقاد الخاطئ بأفكار غير قابلة للمناقشة أو الحوار، بل إنها تحتل الجزء الأكبر من فكر المريض ومنها ضلالات الاضطهاد، العظمة، القوة الخارقة، النبوة، الغيرة، الخيانة الزوجية، إلخ. والخطورة أنك غير قادر على إقناع الآخر بخطأ اعتقاده، وعندما اتجه التيار الحاكم السابق في أسلوبه وسلوكه نحو هذه المنظومة حيث اعتقد أنه الأوحد المسؤول عن السلوك الإسلامي، ولا يستطيع أحد غيره تطبيقه ولا يقبل المناقشة بل سعى حينذاك لإجبار الفكر المتطرف أن يسود على الجميع، فشكل ذلك خطورة واضحة على الصحة النفسية لأن هذا الفكر الأوحد يولد جمود الفكر، وإذا تتبعنا تاريخ الأحداث منذ ثمانين عامًا نجد ندرة أو غياب أي قدرة على الإبداع من أي أحد منهم، فكان هذا التيار الحاكم غير قادر على تشجيع الإبداع سواء في الثقافة، الفن أو العلم، بل إنه أحيانًا كان يُحرم التذوق الجمالي، فمثلًا الموسيقى تساعد على الصحة النفسية، بل تفرز مفرحات النفوس الربانية في المخ، ولذا تجد العبوس على وجوههم وقسوة الفكر لأن رفاهية الفن بعيدة عن منظومتهم.

سبحان الله الذي خلق مفرحات للنفوس، ومطمئنات ومهدئات للتكيف مع ضغوط وصعوبات الحياة، لقد اكتشفنا مستقبلات الأفيون في المخ التي تفرز «الإندورفين» و«الإنكفالين» وذلك بعد أن عرفنا الأفيون والمورفين والهيروين بسنوات عديدة، اكتشفنا مستقبلات

القنب بعد معرفتنا بالحشيش والماريجوانا، اكتشفنا مستقبلات الجابا المهدئة والمطمئنة بعد أن عرفنا أقراص «الفاليوم» و«الزاناكس»، وكذلك مستقبلات «السيروتونين» بعد أن اكتشفنا عقاقير الاكتئاب، أي مفرحات النفوس.

إذن لقد خلقنا الله وفي مُخنا الأفيون والحشيش والمهدئات والمطمئنات لكي نستطيع أن نتحمل هذه الحياة لحين العودة لله سبحانه وتعالى. وقد ثبت أنه مع اليأس والقمع والفاشية ونظام الرأي الأوحد وإلزام الإنسان الحر بسلوك جمعي وتحريك فكره بنمط قمعي مع الاستبداد الديني أو السياسي، يظهر انخفاض نسبة مفرحات النفوس الربانية وإصابة الإنسان بالعجز واليأس والاكتئاب وعدم القدرة على الإبداع أو العمل. أما الإفراز المطمئن الرباني فيزيد مع الصحبة الطيبة، الحب، التسامح، الرياضة وخاصة المشي أو السباحة. تزيد مطمئنات النفس مع إيمان الجوهر وليس إيمان الطقوس، ونلاحظ الابتسامة والسعادة والرحمة على من يتحلى بجوهر الإيمان، ونلاحظ التجهم في المظهر والقسوة على من يظهر إيمانه بالطقوس.

توجد تجربة مشهورة للعالِم النفسي «سليجمان» عندما وضع الفأر في المصيدة، وبدأ في توصيل صدمات كهربائية متتابعة عليه، فأخذ الفأر في الصراخ والعويل والهياج من الألم، لكن مع عدم وجود وسيلة للهروب من صدمات الكهرباء أصبح أخيرًا لا يبالي بالألم أو الصدمات وأصبح في حالة من اليأس والعجز.

إن الإحباط يولِّد العنف، العدوان، الاكتئاب، والقلق. ولكنه

في بعض الأحيان يصيب الإنسان باللامبالاة والمداومة على نفس السلوك. وقد كنت أخشى على المواطن المصري أن يصل إلى هذه المرحلة، حينما كان التيار الحاكم يشاهد الاحتجاجات والاعتصامات والسحل والتعذيب والسجن ومحاصرة الدستورية والإعلام، ويتشنج البعض ويصرخ وهم لا يهتمون بل ويستمرون في طريقهم نحو التمكين، آملين أن يصاب المواطن الذي يصرخ ليل نهار باللامبالاة ويقول دعهم يحكمون وليفعلوا ما يشاؤون وسأفعل أنا أيضًا ما أشاء.

احذروا من اللامبالاة لأن ذلك سيؤدي إلى انهيار نهضة مصر، انهيار الأخلاق والإبداع سيجعل المصريين قطيعًا دون وعي وكأنهم أناس آليون مغيبون.

إن منظومة مفرحات النفوس الربانية الكيميائية في المخ يحتويها موصل عصبي مسؤول عن البهجة وهو «الدوبامين»، وكل لذة في الحياة تنتج من هذا الموصل العصبي ومراكزه في المخ معروفة فالطعام والجنس والتدخين والمخدرات تعمل من خلال «الدوبامين»، ولكنه ينخفض وتختفي البهجة مع صحبة سيئة، مع استبداد سياسي أو ديني، مع الاغتراب والعزلة، مع البطالة وكثرة هموم الحياة، وتصبح الحياة مظلمة بل يتمنى الفرد أن يتذكره الله وينهي هذه الحياة البائسة.

إن كيمياء الحب تعتمد على «الدوبامين» والذي يعطي الشعور بالبهجة واللهفة والحماس، أما كيمياء الزواج فتعتمد على «الأوكسيتوسين» وهو المسؤول عن المودة والرحمة والعِشرة والالتصاق، أما السعادة النادرة فهي أن يكون الزواج مزيجًا من «الدوبامين» و«الأوكسيتوسين» كما جاء في القرآن الكريم عن الزواج.

ينص الدستور الأمريكي على أن الحاكم والدولة عليهما أن يسعيا لسعادة المواطن، أي يحاولان زيادة وتنشيط مفرحات النفوس الربانية من خلال إتاحة الفرصة للطعام والشراب والسكن والأمن والتعليم والصحة، و ٣٠٪ من جودة الحياة تعتمد على الديمقراطية وحرية الرأي وعدم الالتزام بفكر واحد.

أدعو الله أن يوفق التيار الحاكم في إيجاد منظومة لإسعاد المواطن المصري بدلًا من إلزامه باليأس والعجز والاكتئاب، وأن يتخلوا عن الضلال في أنهم مبعوثو العناية الإلهية وأنهم سيلزمون الجميع بالسمع والطاعة لأن مصر المتسامحة لن تسمح بذلك.

أدعو الله أن يوفق التيار الحاكم الحالي في إيجاد منظومة لإسعاد المواطن المصري وتوفير احتياجاته الأساسية في الحياة لكي تعود الابتسامة للوجوه وتسود الصحة النفسية لهذا المواطن الذي تحمل الكثير حتى يصل ببلاده إلى بر الأمان وتعود مصر التسامح والشموخ.

٢

حلاوة الأمل أو التفاؤل

حلاوة الأمل هي مقياس لسعادة الإنسان وجودة الحياة، فبدون الأمل تنعدم الحياة ويتوقف الزمن، وينتهي التمتع بمباهج الحياة، والعلاقة واضحة بين الأمل وطول الحياة، فالأمل يعطي القوة والمناعة لمقاومة المرض والبقاء في الحياة، والأمثلة على ذلك كثيرة في حياتنا. فمريض السرطان إذا فقد الأمل في الشفاء زادت آلامه وقصرت أيامه، بعكس المريض الذي عنده الأمل فهو قادر على المقاومة والبقاء بل أحيانًا التمتع بمباهج الحياة، وأتذكر أن صديقي ورفيقي كان أستاذًا في كلية الطب وقد أصيب بسرطان المعدة وأخبره الأطباء في الخارج أنه لا أمل في شفائه ولن يعيش أكثر من ستة أشهر وفقد الأمل وتوقف عن العمل، وانعزل تمامًا عن الحياة، ورفض رؤية الأصدقاء، ثم قرأ في إحدى المجلات أنه يوجد في الفلبين من يشفي السرطان ويزيله من الجسم بأصبعه. وجاء لي وهو خجول من سؤاله، ويعرف كأستاذ طب أن هذه شعوذة ودجل

ولكن دب فيه الأمل، ونصحته إذا كان عنده أمل ١٪ فليذهب، وذهب فعلًا، وعندما عاد كان مقتنعًا أن السرطان قد زال، وأصبح يبتسم، ويذهب لعمله، ويختلط بأصدقائه، وشفي إحساسه بالألم، وبالطبع توفي بعدها بستة شهور ولكن الأمل أعطاه البقاء لآخر لحظة في حالة من التفاؤل والرضا والاستمرار.

إن المشكلة التي يواجهها المواطن المصري خاصة الشباب هي فقدان الأمل؛ أي اليأس، فالبطالة، والفساد وعدم تحقيق الوعود السياسية، وغياب القدوة، واقتناعه أن العمل الجاد لن يوصله إلى هدفه، وأن المستقبل يعتمد على العلاقات الشخصية والمحسوبية، كل هذه العوامل أدت إلى اليأس والعجز مما سبب اللامبالاة، عدم الاكتراث وعدم الانتماء مما يؤثر على العمل والإنتاج.. ومن ثَمَّ الاقتصاد والوطن.

إن حرمان الفرد من حقه في التعبير وحقه في التعليم والصحة يفقده الأمل في مواطنته، ولذلك تأثير سلبي خطير، إن مفهوم الديمقراطية بأنه حكم الشعب مفهوم خاطئ، فقد نشأت كلمة الديمقراطية في أثينا حينما كانت الحضارة اليونانية حضارة سادة وعبيد، وكانت الديمقراطية تمثل حكم السادة والأشراف والصفوة أي ١٠٪ أما الباقي فهم عبيد، إن الديمقراطية المعاصرة هي الأمل في الشفافية، القدرة على المحاسبة، وتداول السلطة، وطالما نفتقد إلى هذه الثلاثية فلا أمل، بل يأس وضياع.

السعادة والرضا هما مغنم وهدف لكل إنسان، والأمل يبدأ من الطفولة ولا يتوقف، فالإنسان الذي يتمتع بصحة نفسية سوية هو

القادر على إيجاد الأمل حتى في سن التسعين، إن فقدان الأمل معناه الموت أو انتظاره، فالأمل يعطي الهدف، ووجود الهدف يعزز قوة الفرد والشعوب، عندما يتوحد الأمل في الشعب يبدأ المواطن العمل بروح الفريق، ويبذل الجهد لانتمائه للوطن، ويضحي في سبيل هذا الأمل، بل يختفي إيثار الذات ويصبح الشعب يعمل في نغم موحد وتنقلب السحنة الاكتئابية إلى ابتسامة عليها الأمل.

أهيب بأجهزة الإعلام من جرائد وتلفاز. وأرجو من الكُتاب والمفكرين أن يبدأوا في إعطاء الأمل، إن ما نراه اليوم ـ وهو حقيقة لا شك فيها ـ من عرض مسلسلات للفساد والاتهامات وغياب الحريات، والأمن السياسي، وعدم تداول الحكم، والقدرة على الهروب من الجرائم والعقاب قد يؤدي إلى فقدان الأمل. ولذا وجب أن توازيها الحلول اللازمة حتى نعطي الأمل. إن القراءة الحالية في إعلامنا تبعث على اليأس والعجز، ونحن الآن في صحوة ولن نعود للوراء. دعنا نعيش بالأمل، لأن هذا هو المحك الأساسي لنهضة مصر، إن اليأس يؤدي إلى ضمور في المخ وتدهور في الملكات المعرفية وتبلد المشاعر. لقد عانى المصري الكثير وآن الأوان أن يشوب حياته الأمل.

٣

جودة الحياة والنسيج الاجتماعي

يحاول جاهدًا كل إنسان إطالة عمره، وإزالة آثار الشيخوخة، وتنعقد كل أسبوع المؤتمرات والندوات العلمية والاجتماعية والطبية لبحث أحسن الوسائل لإطالة العمر وبقاء الشباب، وإعطاء الأمل، وينسى الكثير أن طول العمر دون جودة حياة هو مغنم أجوف!

تُعرف منظمة الصحة العالمية أن الصحة تعني جودة الحياة الجسدية والاجتماعية والنفسية، وليست الخلو من المرض، فيحتمل أن تكون الصحة معتلة بالرغم من عدم وجود مرض، ومقياس الصحة الحالي هو جودة الحياة، فالطب لا يتجه إلى الشفاء ولكن إلى جودة الحياة، بمعنى أن الطبيب عندما يبدأ العلاج عليه أن يفكر هل ستؤثر العقاقير على جودة الحياة على حساب إطالة العمر. إن جودة الحياة معناها مستوى الرضا والتمتع من خلال الأحوال الاقتصادية والاجتماعية والبيئية المتوافرة، وهذا هو مرادف مفهوم الصحة المذكور سابقًا.

وتدل البحوث الحديثة على أن ترابط المال والقوة والسلطة بالسعادة أو الرضا هو سراب غير حقيقي، فالمال قد يشتري بعض السعادة ولكن ليس الكثير منها والزيادة عن مستوى مادي معين لا يعني مستوى أكثر من السعادة، فالإنسان قد يزيد ثراؤه مع مرور السنوات ولكن نادرًا ما يزيد ذلك من سعادته.

وإذا أخذنا معدلات الرضا بين الشعوب مثل غانا والمكسيك والسويد وبريطانيا والولايات المتحدة الأمريكية نتعجب أن مقياس الرضا واحد بالرغم من التفاوت البالغ في الدخل. إذن وإن كان المال والثراء لا يستطيعان شراء السعادة.. فما هو المقياس؟ أثبت مركز «بيو» للبحوث في مسح وبائي على ٤٤ دولة أن الحياة العائلية هي أكبر مصدر للرضا. وأن المتزوجين والمتزوجات يعيشون ثلاث سنوات أكثر من العُزاب ويتمتعون أكثر من الناحية النفسية والجسدية، ويعَرف رجال الاقتصاد مفهوم «رأس المال الاجتماعي» بأنه التآلف والتكاتف الأسري والديني وفي مجال العمل والجيرة، وأن رأس المال الاجتماعي يتواكب مع جودة الحياة، تمامًا كما تتواكب درجة الإنجاز والرضا في العمل بحسن الحال والإحساس بالأمل والسعادة بغض النظر عن العائد المالي.

إن أكبر استثمار لسعادتنا هو المدة التي نقضيها مع أولادنا، وللأسف فإن الظروف الاقتصادية الحالية في مصر جعلت غياب الوالدين عن الأسرة سببًا في التأثير على جودة الحياة.

لقد ثبت علميًا أن النسيج الاجتماعي هو الضمان لجودة الحياة

والرضا والسعادة والوقاية ضد القلق والاكتئاب بل ينبه قدرة المخ على التفاعل مع كروب الحياة، بل إنه يزيد من خلايا المخ والموصلات العصبية المسؤولة عن اللذة والسعادة. وتدل الأبحاث على أن الإجهاد والكرب والاكتئاب يزيد من احتمال الوفاة أربع مرات عن المعدل الطبيعي. إن الكرب والقلق والاكتئاب والوحدة تؤثر على عضلة وشرايين القلب، وتزيد من كثافة الدم والتصاق الصفائح الدموية وتضعف جهاز المناعة.

ويركز الطب هذه الأيام على الأدوية والجراحات، والعلاج الجيني ومضادات الميكروبات. والحقيقة أن الحب والحنان وخصوصية المشاعر هي جذور سعادتنا وتعاستنا. إن المساندة الاجتماعية والتواصل مع الآخرين لها تأثير قوي على البقاء في الحياة، وقد ثبت من خلال تصوير المخ أن الكروب والاكتئاب والعزلة تسبب ضمورًا في خلايا المخ خاصة في الفص الخاص بالمزاج والتعلم والذاكرة والتكيف مع الحياة (فص فرس البحر)، مما يؤثر فعلًا في نسيج المخ، إن العلاج بمفرحات النفوس يوقف الضمور ويساعد على تكوين خلايا واتصالات عصبية جديدة. ولكن ما يهمنا هنا هو تأكيد البحوث على أن وجود الحب والعاطفة يزيد من الاتصالات العصبية، وأن الانعزال والوحدة يسببان ضمورًا في المخ، فالتواصل الاجتماعي وعدم إيثار الذات والتمركز حول الآخرين لها تأثيرها على الصحة النفسية والعصبية، إن الوحدة والانعزال يصيبان الفرد بأمراض القلب على عكس هؤلاء ذوي

التواصل الاجتماعي والعاطفي، ولا أعتقد أنه يوجد عامل يحمي من أمراض القلب سواء نوعية الطعام، الرياضة، عدم التدخين، الأدوية، الجراحة والعلاج الوراثي، إلخ، مثل الحب والتعاطف والتواصل. فقد ثبت أن الوحدة والحرمان يسببان سلوك التحطيم الذاتي غير المباشر، وأن العزلة والوحدة تجعلان الفرد يعيش الحياة يومًا بيوم، بعكس هؤلاء الذين يعيشون في تجانس اجتماعي. وتصبح المعادلة: «عندما أشعر بالوحدة أتناول كميات كثيرة من الطعام والدهون وأدخن بشدة فذلك يحمي أعصابي ويخفف آلامي»، فبالرغم من اتباعك نظامًا غذائيًا خاصًا وامتناعك عن التدخين، وممارسة الرياضة فما زالت الوحدة والحرمان العاطفي أحد مخاطر أمراض القلب والموت المبكر، وفي إحدى الدراسات، اتضح أن الرجال والنساء الذين ينعمون بالحب أقل عرضة لانسداد الشرايين التاجية، وفي بحث آخر، كان السؤال: هل تُظهر زوجتك حبها لك؟ وهؤلاء الذين أجابوا بنعم كانوا أقل عرضة للذبحات الصدرية، وكذلك وجِد أن الرجال والنساء العزاب والمصابين بأمراض القلب والذين يعانون من الوحدة وعدم وجود الأذن المصغية كانوا عرضة للوفاة ثلاث مرات أكثر من الذين يتمتعون بالتواصل والتعاطف.

وتؤكد المصداقية العلمية أن قيمة الحب، والعلاقة الحميمة والرحمة، والتسامح، والتضحية وخدمة الآخرين؛ وهي قِيَم في كل الأديان والروحانيات، لها تأثيرها الواقي من الاكتئاب والقلق

وأمراض القلب. نحن في حاجة شديدة إلى إعادة اكتشاف كلمة الحب والرحمة والتي قد تساعدنا على البقاء والتعايش في عالم مملوء بسفك الدماء، والحروب والقمع، والقهر والكوارث المتكررة.

كان سابقًا يطلق على الشخصية «أ» من هو مدمن العمل والذي يتحمل المسؤولية وله إحساس بالضمير الحي الذي يميل إلى الطموح والمنافسة وحب القوة هي الشخصية المعرضة لأمراض القلب، ولكن ظهر أخيرًا ما يسمى بالشخصية «د» وتتميز بـ:

١ ـ الوجدان السلبي؛ أي القلق والهم والتشاؤم والعصبية.

٢ ـ الابتعاد الاجتماعي؛ أي اهتزاز صورة الذات وعدم الثقة والكتمان في كل الأمور، أي إنسان منغلق على ذاته. وترتبط الشخصية بالتعرض لأمراض القلب.

في الصفحة التالية جدول يسمح لك بتقييم هذين العنصرين في شخصيتك، وفق النتائج الآتية:

الوجدان السلبي: اجمع الإجابة عن ٢، ٤، ٥، ٧، ٩، ١٢، ١٣.

الابتعاد الاجتماعي: اجمع الإجابة عن ١، ٣، ٦، ٨، ١٠، ١١، ١٤.

أنت شخصية «د» إذا كان الوجدان السلبي ٧ أو أكثر، والابتعاد الاجتماعي ١٠ أو أكثر؛ لذا حاول عزيزي القارئ أن تصنف نفسك بتطبيق هذا الاختبار حتى يتسنى لك تنمية وعيك، ومن ثَمَّ تصل لجودة الحياة.

صحيح	أقل صحة	محايد	أقل زيفًا	زائف		م
٠	١	٢	٣	٤	أتواصل بسهولة مع الناس	١
٤	٣	٢	١	٠	أعمل من الحبة قبة	٢
٠	١	٢	٣	٤	غالبًا أتكلم مع الغرباء	٣
٤	٣	٢	١	٠	دائمًا أشعر بالتعاسة	٤
٤	٣	٢	١	٠	دائمًا عصبي	٥
٤	٣	٢	١	٠	دائمًا أشعر بالإحباط في المجتمعات	٦
٤	٣	٢	١	٠	أتخذ الموقف السوداوي في الأشياء	٧
٤	٣	٢	١	٠	أجد صعوبة في البدء بحديث	٨
٤	٣	٢	١	٠	دائمًا في مزاج عكر	٩
٤	٣	٢	١	٠	أنا إنسان كتوم	١٠
٤	٣	٢	١	٠	أفضل الابتعاد عن الناس	١١
٤	٣	٢	١	٠	دائمًا في قلق	١٢
٤	٣	٢	١	٠	عادة غرقان في القلق	١٣
٤	٣	٢	١	٠	عند الاختلاط لا يوجد ما أتكلم عنه	١٤

٤

الصحة النفسية

في صباح ذات يوم.. نشرت كل صحف العالم أن «مارلين مونرو» ملكة الجنس في السينما العالمية توفيت بعد أن ابتلعت كمية كبيرة من الأقراص المنومة!

ومع انتحار ملكة الجاذبية التي كانت على ثراء واسع وشهرة كبيرة.. وكانت أيضًا زوجة لكاتب عالمي هو «آرثر ميللر».. كثرت التساؤلات.. وتبلورت في سؤال واحد: لماذا تنتحر امرأة على هذا القدر من الجمال والثراء.. والشهرة؟ وقبل أن نبحث عن إجابة لهذا السؤال تعالوا أولًا نجيب عن سؤال أهم: كيف كانت شخصية «مارلين مونرو»؟ فمن الضروري أن نعرف أولًا هذه الحقيقة العلمية: لكل منا ثلاثة أبعاد لشخصيته:

الصورة الذاتية

وهي ما يعتقده الفرد عن نفسه، خاصة عندما يخلو لذاته وينقب في دخائله، ولا يعرف أحد إطلاقًا الصورة الذاتية للفرد إلا الفرد نفسه.

الصورة الاجتماعية

وهي تحدد نظرة المجتمع والناس إلى هذه الشخصية وكيف ينظرون إليه ويقيِّمون صفاته. ويحتمل أن تكون الصورة الاجتماعية مختلفة تمامًا عن الصورة الذاتية، وهكذا قد ينظر المجتمع إلى إنسان ما على أنه عبقري وذكي وله الصفات الحميدة، ولكنه بينه وبين نفسه يعرف الحقيقة وهي قد تختلف عن رأي الناس!

أن ينظر المجتمع إلى شخص ما على أنه غير طبيعي.. ويجب أن يُنبذ.. وفي نفس الوقت يعتقد نفس هذا الشخص أنه أعظم من الكل.. وفي قرارة نفسه يشعر أنه على عكس ما يعتقد الآخرون. وحوالي ٧٠٪ من حياتنا في هذه الصورة.

الصورة المثالية

وهي الصورة التي يحلم الإنسان بالوصول إليها.. ويكافح من أجل تحقيق ذلك.. ويكون الاستمرار في العمل والكفاح هو الوسيلة لتحقيق هذه الصورة.

والتوافق بين هذه الصور الثلاث هو أحد أبعاد الصحة النفسية. فإذا نظرنا إلى «مارلين مونرو» نجد أنها نجحت واشتهرت وتعددت علاقاتها وتزوجت أولًا من لاعب البيسبول.. ثم الكاتب المسرحي والمثقف العالمي «آرثر ميللر».

كما أنها استطاعت أن تصل في فترة بسيطة نسبيًّا إلى نجاح كبير، ويبدو أن هذه الصورة الاجتماعية وهذا النجاح الباهر لم يوفرا لها الصحة النفسية.. فقد ألغت تمامًا الصورة الذاتية.

فقد كان المطلوب منها أن تظهر باستمرار في الصورة الاجتماعية المرسومة والمحددة والتي تُظهرها دائمًا ملكة متوجة على عرش الجاذبية والجنس.

ولم يكن غريبًا أن تشعر داخليًا بالخوف والقلق.. فالجمال والشباب لا بد أن ينتهيا.. وعندئذ لن يبقى لها شيء!

وهكذا اختلت أبعاد الصحة النفسية لـ«مارلين مونرو».. فتخلصت من حياتها! لقد كسبت «مارلين مونرو» الشهرة والمال. ولكنها فقدت نفسها. لم تجد ذاتها.. ولكن وجدت النفاق.. والزيف.. والجسد الذي يفنى؛ وكلها أشياء لا توفر الأمن أو السعادة.

والحديث عن شخصية «مارلين مونرو» يجرنا إلى شرح ملامح الشخصية الهستيرية أو الاستهوائية.

وتنتشر هذه الشخصية بشدة بين السيدات.. وتتراوح نسبتها بين ١٠٪ و٢٠٪.

وقد يثير لفظ الهستيرية الخوف والفزع بين الناس. والسر في ذلك اعتقاد البعض أنها نوع من الجنون. وهذا بالطبع خطأ جسيم!

فالشخصية الهستيرية ليست مرضًا. ولكنها الشخصية التي تتميز بالتقلب المستمر في العواطف. مع حدوث تغيير سريع في الوجدان.. ويحدث لأتفه الأسباب. وكلمة «هستيرون» باللاتينية تعني الرحم، وكان يعتقد الفراعنة والإغريق أن الرحم مصدر الأمراض النفسية.

إنها الفتاة التي تثور من أجل حبها.. وتهجر عائلتها وبيتها لتتزوج من حبيبها. ولكن.. بعد فترة قصيرة تبدأ عاطفتها في الفتور وتبحث

عن عاطفة أخرى بديلة. ومن ملامح هذه الشخصية تذبذبها السريع.. وعجزها عن إقامة علاقة ثابتة لمدة طويلة لعدم القدرة على الاستمرار والمثابرة ونفاد الصبر سريعًا. فهي تمامًا مثل القرص الفوار.. سرعان ما تفور.. ولكن بعد فترة وجيزة تهدأ.. وهذه الشخصية سريعة التأثر بالأحداث اليومية والأخبار المثيرة.. وكل ما قيل وما يقال. وهكذا تسيطر العاطفة على هذه الشخصية وليس للمنطق أي تأثير عليها.. ومن الممكن التأثير على هذه الشخصية بالإيحاء. فهي قد تسمع قصة ما.. تقتنع بها على الفور.. ولا تتردد في اتخاذ القرار دون العودة إلى أساس هذه القصة.

والشخصية الهستيرية عندها الرغبة في الظهور واستجلاب الاهتمام والمحاولة الدائمة لاسترعاء الانتباه.. مع حب الاستعراض والمبالغة في الكلام والملبس.. كذلك حب التبهرج! وتحرص هذه الشخصية على لفت الأنظار عن طريق القيام بالمواقف المسرحية. وهكذا.. إذا حكت هذه الشخصية الهستيرية قصة ما، فإنها تضع عليها اللمسات التي تجعلها جذابة ومثيرة. والحياة بالنسبة لهذه الشخصية: جنة أو نار. ولا يوجد وسط! وتميل الشخصية الهستيرية إلى الاستفزاز الجنسي! وصاحبة هذه الشخصية لا تقصد ذلك ولكن أسلوبها في الكلام وطريقتها في المعاملة.. ونظرة عينيها توحي لمن تحدثه أنها ترغبه فإذا استجاب هذا الشخص وبدأ في محاولة إقامة علاقة معها.. فإنه يجد الصد والرفض من صاحبة العيون المشجعة! وتضفي صاحبة هذه الشخصية طابع الجنس على كل شيء في حياتها.. وفي كل ما يحيط بها. فإذا امتدح شاب أي فتاة فهذا له معنى

واحد: أنه يرغبها جنسيًّا. وإذا ابتسمت فتاة لشخص.. فهذا دليل على أنها تحاول إيقاعه في حبائلها!

وعلى الرغم من أن معظم الرجال ينجذبون إلى الشخصية الهستيرية نظرًا لحيويتها وانفعالاتها وجاذبيتها.. إلا أن الكثيرات من أصحاب الشخصية الهستيرية يعانين من البرود الجنسي! وهكذا يكون من المدهش أن تعرف أن ملكات الإغراء والجنس في العالم يعانين من هذا البرود. ومن ملامح صاحبة الشخصية الهستيرية قدرتها على الهروب من مواقف معينة! ويحدث ذلك بالتفكك من الشخصية الأصلية وتقمص شخصية أخرى تتلاءم مع الظروف الجديدة. ومن المألوف أن تكون هذه الشخصية في حالة إثارة وصراخ وتهيج وبكاء، بل وعدم رغبة في الحياة.. وفي وسط هذا الجو المشحون إذا لفظ أحد بكلمة مريحة نجد أنها ابتسمت وضحكت. وهكذا ليس غريبًا أن يقال عن هذه الشخصية: الضاحك الباكي!

وليس غريبًا بعد أن عرفنا كل ذلك أن نستنتج السر في تعدد زيجات هذه الشخصية، فالحياة جنة تستحق الاستمتاع بها.. أو نار يجب الخلاص منها. ومن المفيد اختيار المهن المناسبة لأصحاب الشخصية الهستيرية. فالمهنة التي تناسب صاحب هذه الشخصية يجب أن تكون بعيدة عن التخطيط.. والعمل الروتيني. وأنسب مهنة هي التي ترتبط الارتباط المباشر مع الجماهير.

على هذا.. نجد أن صاحب هذه الشخصية يعيش بالطول والعرض.. ينفعل.. ويتمتع.. يتحمس.. يهدأ.. يخمد.. يفتر. وعلى هذا.. إذا فهم شريكه طبيعة شخصيته استطاع أن يستمر في التعامل

معه.. أما إذا كانت ملامح هذه الشخصية غير واضحة أمام الآخرين.. هنا تكون القطيعة.. والفراق!

ومن أحدث القصص التي نشرتها الصحف قصة الممثلة «رومي شنايدر». لقد قالوا إنها ماتت فجأة على أثر نوبة قلبية وعمرها ٤٢ عامًا! ورواية أخرى تؤكد أنها انتحرت بابتلاع الحبوب المنومة. وقد مرت «رومي شنايدر» بأزمات نفسية قاسية منذ عام ١٩٨٦ حيث توفي ابنها الصغير وهو يتسلق سور منزل جده، وأصيبت هي بعد هذا الحادث بحالة من اليأس والأسى والحزن والاكتئاب. ولكنها استطاعت أن تعبر هذه المأساة وتبدأ في العودة إلى الحياة وإلى عملها في التمثيل. وأغلب الظن.. أن ما حدث مع «مارلين مونرو».. تكرر مع «رومي شنايدر». لقد فقدت صورتها الذاتية.. وصورتها المثالية، وعاشت صورة كلها زيف ونفاق هي الصورة الاجتماعية. لقد فقدت ذاتها وحصلت على الشهرة والمال. وهذا بالطبع يسبب عدم التوازن النفسي ويجعل الإنسان يشعر بيأس شديد وقنوط وعدم رغبة في استمرار الحياة. وهذا يدفعنا دائمًا إلى تذكر حقيقة مهمة: كلما كانت الصورة الاجتماعية هي الواضحة فإنه من الضروري أن يكون هناك من ينبه إلى ضرورة تذكر الصورة الذاتية.. والصورة المثالية. وفي ذلك ضمان لاستمرار الصحة النفسية.

كلمة أخيرة، هي أن الكثير من رجال السياسة والإعلام والفن يتمتعون بهذه الشخصية مع تضخم في الصورة الاجتماعية.

٥

السعادة .. وناتج الدخل القومي

ألهمني مقال منشور في مجلة «التايمز» وبعده مقال في «الهيرالد تريبيون» عن مقياس جودة الحياة والسعادة في الإنسان وعلاقته بالمجتمع وناتج الدخل القومي.

وقد أثار الرئيس الفرنسي «ساركوزي» دهشة الشعب الفرنسي، بل والرأي العام أجمع، عندما اقترح أن إضافة عامل السعادة على الإحصائيات القومية للنمو الاقتصادي والاجتماعي لها قيمة خاصة، وقد كان هذا بالفعل أحد وعوده في حملته الانتخابية في خلق الثروة، وإعادة النظر في منظومة الخدمات للشعب واستثمار رأس المال البشري من أجل جودة الحياة للمواطن الفرنسي. ولكنه واجه الكثير من الصعوبات في تطبيق هذا الوعد، ويبدو أن كلمات «ساركوزي» كان لها مدلولها، إذ إن الناتج القومي لم يكن أبدًا مقياسًا لجودة الحياة للمواطن ولا يوجد علاقة بين الناتج القومي والنمو الاقتصادي وازدهار حال المواطنين في أي دولة، حيث إن الناتج

القومي هو مقياس لحركة المال في الدولة. وإذا كان لا بد من مقياس لنهضة الأمة فيجب أن يكون التركيز على الصحة، التعليم، المسكن، العدل، الشفافية والمساءلة. فهذا هو ما يهم المواطن العادي بدلًا من الاستفاضة في وصف الناتج القومي، والتقدم الاقتصادي، والتضخم، إلخ. وعادة ما يصاب السياسيون بارتباك واضح عندما يقرنون جودة الحياة بالنشاط الاقتصادي. وكما سبق أن ذكر الاقتصادي المشهور «سيمون كوزنيت» أثناء التدهور والانتكاسة الشديدة التي أصابت الاقتصاد العالمي أنه لا يمكن استنتاج مدى نهضة وجودة حياة الأمة أو حتى رفاهية الدولة من الناتج القومي، وبعد ٧٥ عامًا من هذا التصريح يبدو أن التنبؤ والفخر بالناتج القومي أصبح في طي النسيان.

وقد سبق أن صرح «ألان كروجر» أحد كبار الاقتصاديين في إدارة «أوباما» للمنظمة العالمية للتعاون والنمو الاقتصادي في عام ٢٠٠٧ أنه من الطبيعي بعد الحرب الباردة أن نجد مقاييس أخرى غير الناتج القومي لقياس جودة حياة الشعوب. إن القدرة على التأقلم مع الكوارث الطبيعية، والتلوث النفطي، وحوادث السيارات، والجريمة، والمظاهرات سترفع من مستوى الناتج القومي. بل إن الأعمال الخيرية البسيطة كمساعدة جارك المسن في اعتلاء السلالم، أو عدم ذهابك للعمل لترى ابنك في مباراة رياضية، أو المشي أو العَدْو قد تزيد من الناتج القومي، والذي يعبر عن قيمة المنتج ولكنه قد يغفل الأذى البيئي الذي يحدث بسبب إنتاج هذا المنتج سواء كان التلوث كانبعاث ثاني أكسيد الكربون أو استنفاد مخزون المعادن مما يسبب خللًا في المنظومة البيئية.

قد يقيس الناتج القومي القدرة الإنتاجية للنابالم، ومصروفات الرؤوس النووية، والسيارات المصفحة والمدرعات اللازمة لمجابهة المظاهرات وردع الاحتجاجات، ولكنها لا تشمل مجال الفن، الشعر، والأدب أو مدى تأثير قوة زواج سعيد، أو ذكاء الحوار والمجادلات الشعبية الديمقراطية، أو تماسك وتكامل الخدمات المختلفة. إن الاعتماد على الناتج القومي يضر الشعوب ضررًا بالغًا، والتركيز على النمو الاقتصادي يصيب رجال السياسة بالعمى لتجاهلهم لعدة مقاييس أخرى للتقدم والنمو.

ويجادل «جوزيف ستجليتز»، الحائز على جائزة نوبل، في أن التمركز حول النمو الاقتصادي أخفى العلامات البارزة للأزمة الاقتصادية المالية الحالية، فالأرباح الوقتية في صناعة المال قد تزيد من عبء الديون، وكذلك انفجار ديون المساكن قد أدى إلى الزيادة الزائفة في المقاييس الاقتصادية. وبالرغم من العيوب القائمة في الناتج القومي إلا أنه يستحيل استبدالها حيث إنها تعطي أرقامًا تستطيع الدول عن طريقها أن تقارن وضعها بدول الجيرة والمنافسين، وقد بحث مؤتمر منظمة التعاون والنمو الاقتصادي والذي انعقد في كوريا مقاييس أخرى لتعريف جودة حال المواطنين، ومن المفارقات التي تثير حقًّا الضحك أن مملكة «البوتان» الصغيرة والتي تقع في «الهمالايا» تقيس الناتج القومي الكلي للسعادة. وللأسف فإنه لا توجد أي قوة اقتصادية كبرى قد حذت حذو «البوتان». وقد بدأت الصين عام ٢٠٠٤ في محاولة استخدام الناتج القومي الأخضر ليعكس تبعات التلوث، وعندما بدأ المسؤولون في قياس تكاليف الأنهار

الملوثة، الغيوم في الجو، خلل المنظومة البيئية، وناتج المناجم، عندئذ هبطت معدلات النمو. ووصلت في بعض المناطق إلى الصفر، وبدأت المحاولة في التدهور حتى أصابها الانهيار التام عام ٢٠٠٧. وتكشف محاولة الصين صعوبة التحول إلى مقاييس شاملة وهو درس يجب أن نفهمه.

إن الأرقام التي يفخر بها رجال الاقتصاد والسياسة ما هي إلا وهم وطريقة أبعد ما تكون عن مصلحة المواطن. ويبدو أن استبدال أرقام الناتج القومي الحقيقية بأرقام أخرى تزيد من سعادة وجودة حياة المواطن ستستغرق وقتًا طويلًا، وحتى يحدث ذلك لا يمكن الاستمرار في الخداع بأن نقيس تقدم أي دولة بالناتج القومي ونحن على يقين من أنه خاطئ.

ومن الصعوبة تعريف ما هي السعادة أو جودة الحياة أو الرضا النفسي على الرغم من أنه توجد الآن مقاييس لهذه الظواهر وبالأخص بعد التوصل العلمي إلى أن السعادة مُعدية، والآن ومع انتشار ظاهرة أنفلونزا الخنازير، أصبح من السهل إعطاء النصائح: «اغسل يديك دائمًا».. «غطِّ فمك عند العطس أو الكحة».. «ارمِ المناديل الورقية المستعملة»، ولكن في المستقبل القريب سيتواجد أيضًا حملات توعية للسعادة مثل: «كن مبتهجًا.. فقد تعم الجميع»، «لا تأكل كثيرًا فهذا لمصلحة الأصدقاء». إن الأمراض المعدية تنتقل من خلال الفيروسات والبكتيريا مثل الأنفلونزا والدرن ولكن ليس فقط الأمراض هي التي تعتبر مُعدية، فلنأخذ مثلًا عدوى التدخين، بل أيضًا الإقلاع عن التدخين والسمنة، وكذلك السعادة! وكلها قابلة

للعدوى وتفيد نتائج دراسات عديدة في تأثير النسيج الاجتماعي المكون من الأصدقاء، العائلة، الجيران، الزملاء، والمجموعات على سلوك الفرد في المحاكاة، أو الاكتئاب أو السعادة متواكبًا مع سلوك أقرانه وأصدقائه، فإذا كان أحد أصدقائك أو معارفك سعيدًا، فالاحتمال كبير أن تصبح أنت أيضًا سعيدًا، وإذا كان أقرب الأصدقاء يميل للسمنة، فاحتمال إصابتك بالسمنة كبير، بل لوحظ أنه إذا كان صديق صديقك سعيدًا، فسينعكس ذلك على صديقك ومن ثَمَّ عليك، ونستطيع أن نطبق ذلك على السمنة أو الاكتئاب اللذين ينتشران بطريقة مختلفة، فالسمنة تنتشر بين الأصدقاء من نفس الجنس متقاربي المشاعر، أما السعادة فتنتشر بين الأصدقاء الذين يعيشون بجوار بعضهم البعض، فالجار السعيد في نفس العمارة يكون له تأثير أكبر من الجار السعيد الذي يقطن على مسافة ثلاثة كيلومترات. يوجد كثير من الدراسات التي تُعنى بعدوى السعادة بين الأصدقاء، الزوجات والأزواج، ولكننا نحتاج لدراسات أكثر تعمقًا عن كيفية انتشار السعادة في المجتمع ككل. وقد تحتاج هذه الدراسات لعدة سنوات، فمثلًا دراسة «فرامنجهام» للقلب بدأت منذ عام ١٩٤٨ وما زالت مستمرة حتى الآن على آلاف المواطنين لدراسة مسار أمراض القلب.

ونحتاج دراسة مثل دراسة أمراض القلب في موضوع عدوى السعادة التي قد تعطي مؤشرات كبيرة على كيفية أن يكون الشعب سعيدًا وكيفية العدوى، وأقرب الأمثلة هو: كيفية إصابة معظم الشعوب بالحماس، السعادة والقلق أثناء مشاهدة فريقهم القومي

في مباراة حاسمة لكرة القدم. وقد لوحظ أن الأصدقاء بمثابة المرآة العاكسة لبعضهم البعض، فالأفراد يأكلون أقل عندما يتناولون طعامهم مع من لا يأكل كثيرًا.. وعلى النقيض قد يأكلون أكثر عندما يتناولون طعامهم مع الأصدقاء مقارنة بالغرباء، وكذلك عادةً ما نأكل أكثر حين نتواجد مع الأصدقاء عن الأكل منفردين، وتتشابه السعادة بكل ما ذكرناه عن السمنة، أما ماهية آلية عدوى السعادة من إنسان لآخر فهي غير معروفة إلى الآن، ولكن كلنا نعلم أن الضحك معدٍ، بل إنه يوجد أكبر عدد من نوادي الضحك في الهند، وقد يكون الإنسان في حالة من الكآبة وسرعان ما يبدأ في الضحك عندما يجد الكل من حوله في حالة من الضحك المستمر، والذي بالطبع يسبغ على الصحة مآثر كثيرة، والسعادة لها تأثير واضح على الصحة، أولها تقوية جهاز المناعة، فقد يتأثر معظم أفراد الأسرة بالأنفلونزا ماعدا الشخص السعيد حيث إن جهاز المناعة يلعب دورًا مهمًّا في الوقاية، أما إذا أصابه كرب أو ضغوط فنجد أنه سرعان ما يصاب هو الآخر بالأنفلونزا، وقد أُجري بحث عن التطعيم ضد الفيروس الكبدي «ب» واتضح منه أن هؤلاء الراضين السعداء تكون استجابتهم أقوى بكثير من الآخرين. إن اكتشاف أن صحة الفرد تؤثر في الآخر تجعل المسؤولين عن الدولة يواجهون اهتمامًا خاصًا بمحاولة عدم الضغط على الشعب، أو إثارة الخوف أو القلق أو الفزع الذي سيؤثر بالسلب على الجميع، ويضعف الصحة ويقلل بالتالي من الناتج القومي، وقد ثبت مثلًا أن الأم المكتئبة قد تؤثر في صحة طفلها حيث تقل كفاءته الدراسية في المدرسة ويميل إلى الحزن والانعزال.

وأتذكر الدراسة التي أجراها معهد «بيو» للاستطلاعات عن مقياس الرضا النفسي بين عينة من مواطني بعض الدول الأفريقية مثل رواندا، غانا، وزامبيا مقارنة بأوروبا والولايات المتحدة وكانت النتيجة مذهلة، حيث ثبت أن درجة الرضا متساوية بالرغم من فارق الناتج القومي ورخاء المجتمعات! وعادوا لدراسة الأسباب فوجدوا أنها ترجع للنسيج الاجتماعي وعدوى الرضا والسعادة، وقد وجدوا أن الرضا النفسي وجودة الحياة من النسيج الاجتماعي بداية بالأصدقاء، ثم الأسرة ثم الجيران والأهم المجموعات السياسية، الخيرية، الاجتماعية، العلمية والرياضية، وتوحد الفرد معهم. بل إن الانعزال قد يؤدي إلى ضمور في خلايا المخ في «فص فرس البحر» بالمخ والمسؤول عن الذاكرة، التعليم، المزاج والتكيف مع كروب الحياة، والعكس صحيح، إذ إن النسيج الاجتماعي الصحي بالأصدقاء أو الزواج، إلخ، قد يؤدي إلى زيادة في الخلايا العصبية، والموصل العصبي المسؤول عن الإحساس بالسعادة.

إن تعاستك وكآبتك لا تؤثران فقط عليك ولكنهما تعمان على الآخر. إن جودة الحياة والسعادة قد تؤثر في مجتمعك، ويبدو أن الطب ليس فقط لتحسين صحتك وتخفيف آلامك ولكنه لصحة كل المجتمع الذي تعيش فيه. لا بد إذن من قياس الرضا وجودة الحياة في المجتمع قبل الإشادة بأرقام الناتج القومي والنمو الاقتصادي والذي لا يهم المواطن، بل إن جودة حياة المواطن يجب أن تكون هي الأساس والسبب في انتخاب رجال السياسة والاقتصاد وليس التفاخر بهذه الأرقام، إن أهم ثروة لأي وطن هي رأس المال البشري،

أي الإنسان وسعادته. وإذا رأينا مصر الآن والفجوة بين المواطن والحكومة وأرقام التنمية الاقتصادية وعدوى الكآبة الموجودة في المجتمع لعدم اهتمام القائمين بالسياسة بسعادة المواطن حيث كما سبق أن نوهت أن الأرقام لا تسعد أحدًا ولا تضفي جودة للحياة.

إن سياسة الحكومة في إثارة الرعب والفزع والقلق والكآبة على المجتمع المصري بكيفية تعاملها مع أنفلونزا الخنازير سيكون لها أثر سيئ على سعادة المواطن المصري، وبمقارنة ما حدث في مصر والأخطاء المتعددة والاندفاع والتهور في التصريحات في وسائل الإعلام مع ما يحدث في كل بلاد العالم، حيث تسير الأمور بهدوء وسعادة وقبول الأمر الواقع دون هلع وذعر.

وأخيرًا أؤكد لكم أنه إذا استطعنا رسم الابتسامة على وجه المواطن المصري وإدخال السعادة على تصرفاته فسيكون لذلك أثر العدوى على كل المجتمع بجميع فئاته الغني منه والفقير، إن الفقر مع العدل يمكن تحمله ولكن مع الظلم وعدم المساواة يؤدي إلى الحزن. ودعنا نستثمر في جودة الحياة والتي ليست مرادفًا للثروة أو القوة أو السلطة.

٦

المزاج .. وجهاز المناعة

قرأت في المجلة الطبية البريطانية تساؤلات عن كيفية إفراج الرحمة عن «المقرحي» المتهم في طائرة لوكربي وكيف أن العالم كان ضد قرار القضاء الإسكتلندي الذي اعتمد على تقرير الأطباء البريطانيين في أن السرطان استفحل في الجسم وأنه لم يبق له في الحياة إلا من ٣ إلى ٤ شهور، ومن ثَمَّ تم الإفراج عنه، واستقبل في ليبيا استقبال الأبطال، ومرت الشهور وهو ما زال على قيد الحياة وامتدت الفترة بعد ذلك لحوالي سنة بالرغم من استفحال السرطان في جسده. ماذا حدث في جسم هذا الرجل؟ كذلك شاهدت الكثير من مرضاي والذين يعانون من أمراض عضوية خطيرة وقد أعطى لهم الأطباء فترة لا تتجاوز بضعة أسابيع، ولكن يكون تصميمهم على البقاء حتى يأتي أولادهم من الخارج أو لقضاء بعض الأمور المهمة.

يوجد تفسير علمي لكل هذه الظواهر حيث إنه توجد علاقة واضحة بين جهاز المناعة والذي يعطي الطاقة للخلايا في الجسم

٣٧

لمقاومة أي مرض وبين مزاج الإنسان، فكلما كان يتمتع الفرد بما يقال عنه جودة الحياة أو الصحة النفسية، من الأمل، والطموح، والاستقرار النفسي ومن روح الانبساطية والفكاهة والدعابة كلما كان جهاز المناعة يعمل بكفاءة، بل إنه يوجد في تاريخ الطب معجزات بأن السرطان أو أمراضًا خطيرة يئس منها الطب وبعد فشل كل العلاجات اختفى المرض وتوقف انتشاره في الجسد، وعاود الفرد نشاطه العادي وذلك بفضل علاقة الإرادة ونفسية الإنسان وجهاز المناعة.

يتكلمون في الغرب كيف أن «المقرحي» بعد عودته إلى ليبيا بين أسرته وأصدقائه ووطنه، عادت إليه الحياة. بعد أن كان يائسًا، مسجونًا، مريضًا ليس أمامه إلا الموت، وحدثت المعجزة في أنه استطاع مقاومة المرض، وكيف أن الحالة النفسية تستطيع أن تقوي جهاز المناعة. لقد عرفت بعض السيدات ذوات العزيمة والإرادة وأصررن أمام طبيب السرطان أن العلاج الكيميائي لن يسقط شعرهن لأن الله معهن، ولقد سخر الطبيب الفرنسي المعالج من كلامهن وعند متابعتهن وجد أن إصرارهن وإرادتهن قد حققت توقعاتهن ولم يسقط الشعر ولم يحتجن لأي غطاء للرأس أثناء العلاج الكيميائي.

ويتجه العلماء للاعتقاد بأن الله قد خلق في الإنسان مُخين، أحدهما في الجمجمة والآخر في جهاز المناعة، حيث إنه وجد أن الموصلات العصبية، و«الببتايدس» والمواد الأخرى التي يفرزها المخ يفرزها جهاز المناعة. وتوجد علاقة ارتباطية، فكلما تحسن المزاج والحالة النفسية زادت قوة جهاز المناعة. أما الأسى، والحزن، والاكتئاب فيضعف جهاز المناعة؛ ولذا كثيرًا ما نسمع عن جلطة

المخ أو القلب عند فقد عزيز، أو ظهور السكر بعد حدث مؤلم، أو بداية للروماتويد بعد صدمة عصبية، أو ارتفاع الضغط بعد التعرض لكروب الحياة أو الإحباط، إلخ.

إن الصحة النفسية والتفاؤل ووجود الأمل والصبر والابتسامة والإصرار والإيمان قد يقوم بمعجزات قد يعجز الطب عن تحقيقها، إن السعادة معدية.. والابتسامة تشع على الآخرين وكذلك اليأس والاكتئاب قد ينتشران على من حولهم.

دعونا نسلك طريق الأمل والتفاؤل والإيمان.. وجودة الحياة.

٧

القوة والسلطة .. وأفيون المخ

اكتشف العلماء المورفين، والهيروين، والحشيش، والمطمئنات والمهدئات والمنبهات قبل أن يتضح لهم أن الله قد خلق رحمة للعباد المستقبلات الأفيونية «الإندورفين، والإنكفالين»، ومستقبلات الحشيش، بل ومستقبلات الطمأنينة والهدوء «الجابا» ومستقبلات مفرحات النفوس: مضادات الاكتئاب، و«السيروتونين» في مخ الإنسان والحيوان، وكأن الله سبحانه وتعالى يريد أن يخفف الآلام الجسدية والنفسية ليس للبشر فقط ولكن أيضًا للحيوان.

كذلك توجد في المخ بعض المسارات العصبية والتي تحمل الموصل العصبي الدوباميني المسؤول عن النشاط، البهجة، اللهفة واللذة، ومع تصوير المخ وجدنا نشاطًا زائدًا في إفراز ومسارات الدوبامين عند الإتيان بأي سلوك ممتع، فالطعام الجيد، التذوق الجمالي، الجنس، التدخين وكثير من المخدرات والمنبهات تعمل من خلال هذا المسار العصبي الدوباميني.

وأعتقد أن طمأنينة المؤمن الحق بالجوهر وليس بالطقوس تتولد من توازن المطمئنات والمهدئات والأفيون والحشيش الرباني، وقد سبق لأرسطو أن قال إن السعادة أو جودة الحياة تكمن في الالتزام بالفضيلة. وعرف الفضيلة بأنها الحب، العدل، الوسطية، التسامح، عدم الإيثار الذاتي، وتجاوز الذات للآخرين، ويبدو أن كل هذه الصفات تعمل من خلال المسارات العصبية والمستقبلات العصبية السابق ذكرها. نحن نعلم أن أقوى عواطف في الإنسان هي الأمومة والأبوة، وهذه العواطف القوية تعمل من خلال الموصل العصبي «أوكسيتوسين» والذي يجعل الألفة والعِشرة من القوة التي لا توازيها أي لذة أخرى، ولكن وجدنا في التاريخ الكثير من الآباء وبعض الأمهات يتخلون عن أبنائهم أو آبائهم في سبيل القوة، والسلطة والمال، فعندنا في التاريخ البعيد والقريب الذي ثار على والده أو ابنه أو زوجته في سبيل القوة والسلطة؛ ولذا أعتقد ـ وهذا اجتهاد شخصي ـ أن القوة والسلطة المطلقة قد تنشط مراكز اللذة في المخ بحيث ترتبط القوة والسلطة بزيادة نشاط المستقبلات الأفيونية، والحشيش، والمطمئنات بحيث يصبح البقاء في السلطة هو اللذة الوحيدة في الحياة وتتفوق على أي سعادة أو لذة أخرى، بمعنى أن السلطة والقوة تصبحان إدمانًا بالمعنى الكامل، وتحتل تفكير الشخص، وتصبح وسواسًا لا يستطيع التخلص منه، وإذا ابتعد عن هذه القوة والسلطة يصبح حينئذ عرضة لأعراض الانسحاب كمدمن الهيروين، بل أحيانًا ما نسمع عن انتحار الشخص الذي يصبح عرضة للتخلي إجباريًا عن السلطة. وعندما أقول السلطة والقوة فإنها ليست

سياسية فقط ولكن في كل مجالات الحياة، من رئيس قسم بالجامعة، إلى رئيس الخفراء، إلى الوزير، إلى الحاكم، إلى رئيس التحرير إلى أي منصب يعطي القوة والسلطة المطلقة.

لقد أتاح لي الزمن أن أعرف الكثيرين من ذوي السلطة والقوة والمال في كل المجالات، ووجدت تغيرًا واضحًا في الشخصية والسلوك. وقد واجهت الكثير منهم بهذا التغير والذي عادة ما لا يشعر به، فنجد الوزير بعد فترة من ولايته الوزارة يتغير أسلوبه في الكلام، بل أصبحت طريقة سيره مختلفة عن ذي قبل، فيمشي باختيال، بل إن حركات يديه وتعبيرات الوجه قد ألم بها التغير أيضًا، وتصبح ممارسته للسلطة نابعة من شهوة ولذة، ويصبح همه الوحيد هو البقاء في السلطة تمامًا كالمدمن الذي تكون كل منظوماته المعرفية متجهة إلى كيفية الحصول على المادة المخدرة. وهنا نجد التفسير العلمي لهذا التغيير والتضحية بكل شيء في سبيل بقاء الإفراز الأفيوني الرباني!

ويعاني البعض من هذه السمات وليس الكل، خاصة هؤلاء الذين يصلون إلى السلطة عن طريق الصدفة، والمعارف، والولاء، وليس عن طريق العمل الجاد والممارسة السياسية الممتدة، والخبرة والقدرة على الابتكار.

إن البقاء في السلطة لمدة محددة، وإن يكن عرضة للمساءلة، وإن تحمل المسؤولية وتجاوز الذات والإتقان في العمل هو خير وسيلة لعدم إدمان المنصب والسلطة، فالسلطة المطلقة إدمان أفيوني أبعدكم الله عنها، أما السلطة المستنيرة التي تتجاوز الذات فهي الفضيلة.

ولذا نصحت كل دساتير العالم وكل لوائح الجامعات والشركات

بألا يبقى الإنسان في السلطة والقوة لمدة طويلة لأنه سيتوحد مع الكرسي ولا يتقبل النقد، ويصبح همه هو الحصول على المادة الأفيونية في المخ ألا وهي السلطة والقوة المطلقة، ولا يصيب هذا الإدمان البلاد الديمقراطية حيث يعرف أي فرد في منصب السلطة أنه غير باقٍ مما يجعل الأفيونات والمطمئنات الربانية تعمل في الحدود التي تحسن جودة الحياة بدلًا من أن تكون وسواسًا يتركز على شهوة السلطة.

٨

السعادة .. والموسيقى .. والنفس

يثير لفظ النفس الكثير من التساؤلات وحب الاستطلاع في الناس، حيث إن دراسة النفس البشرية أصبحت طبيعة العمل في كل المجالات الثقافية والاجتماعية والسياسية، وقد كانت النفس حتى وقت قريب مجالًا لتخصص رجال الحكمة والفلسفة، ورجال الدين، ثم علماء النفس، وأخيرًا بدأت تخضع للدراسات الفسيولوجية المعقدة، وحتى نبسط الأمور يجب أن نعرف ماهية النفس: هل هي شيء غيبي أم مادي؟ هل هي من أسرار الكون ولا يصح الخوض فيها أم يجب تقنينها وتصنيفها بغرض سعادة البشر؟ يجب هنا في هذا المجال ألا نخلط بين الروح والنفس، فالروح من أمر الله ولا تخضع للقوانين العلمية، أما النفس فشيء مختلف تمامًا، النفس هي مجموعة من الوظائف العليا للجهاز العصبي المركزي، أي المخ، وأنا هنا لا أستعمل كلمة العقل لأنه أيضًا إحدى الوظائف العليا للمخ، ودائمًا ما نعرف علم النفس على أنه علم سلوك الإنسان،

٤٤

وعادة ما يحتوي السلوك على عدة ظواهر من المعرفة إلى الوجدان إلى التفكير، إلخ.

إذن فنفس الفرد موجودة بطريقة مادية في الاتصالات العصبية المختلفة في بعض المراكز الموجودة في المخ وهي تحت تأثير كهربائي وكيميائي مستمر.

إذن فعند دراسة تأثير الموسيقى في النفس البشرية، فنحن ندرس تأثير أنواع من الذبذبات الصوتية على مكونات النفس ألا وهي السلوك والعاطفة والتفكير وهو موضوع شائك ومعقد، فهناك أدوات ابتدعتها الحياة في وثباتها المتعاقبة وتطورها المتواصل لالتقاط وتحليل وفرز المواكب المتلاحقة المتداخلة من التموجات والذبذبات، وهذه الموجات متفاوتة في الطول والقِصَر، في السعة والسرعة، وهذه الأدوات التي تلتقط هذه الموجات هي الحواس الظاهرة من لمس وذوق وشم وبصر وسمع، غير أن هذه الآلات لا تتأثر بكل ما يتموج ويتذبذب، بل لبعضه فقط، والحيوانات بما فيها الإنسان متفاوتة من حيث تجهيزها بالأدوات الحاسة ويترتب على ذلك أن معرفتنا للعالم الخارجي معرفة محدودة نسبيًّا، وأن عالم الحشرة التي تدب على الأرض، وتسعى في الظلام الحالك، يختلف عن عالم الطير الذي يسبح في الفضاء المضيء، وأن عالم الكلب الذي هو في الصميم عالم شمي، يختلف عن العالم البصري والسمعي الذي يحيا فيه الإنسان عندما يسمو بإنسانيته، أي عالم النسب الهندسية، والألوان المنسقة، والأنغام المنسجمة، التي يخلقها العقل الإنساني ويعبر عنها بهذه الهمسات الخاطفة التي تحمل ثناياها معاني الكون

بأسره، أي أن إحساسنا وإدراكنا للمؤثرات الخارجية يعتمد على كفاءة أجهزة الحواس الخاصة، ودرجة استقبالها لهذه المؤثرات، وليس على الواقع والحقيقة التي كثيرًا ما تعجز الحواس عن التقاطها، ومن هنا يختلف عالم الحس بين الحيوان والإنسان.

والأذن البشرية أدق تحليلًا وأنفذ تمييزًا للكيفيات الصوتية من العين للكيفيات الضوئية، فليس في إمكان العين تحليل اللون المركب إلى ألوانه البسيطة، في حين تميز الأذن المدربة بين النغم الأساسي والأنغام التوافقية، ولهذا السبب لا تتفوق لذة فنية على ما تجلبه الأنغام الموسيقية للنفس من نعيم ومتعة.

وقد وضح للإنسان منذ قديم الأزل تأثير الموسيقى على النفس البشرية فاستُعملت الموسيقى منذ العصور القديمة في الاحتفالات الدينية، وفي علاج الأمراض، والطبول في الحماس للحروب، والموسيقى الهادئة في المعابد، والآلات النحاسية الصاخبة في الرقصات العنيفة التي تنتهي بالنشوة والإغماء وإطلاق الأرواح الشريرة، وما زالت هذه الطرق تستعمل في عصرنا الحالي كما سنوضح بعد ذلك.

ويستعمل قرع الطبول البدائية مع تصفيق الأيادي في الحفلات الجماعية، في بعض القبائل لإثارة المجموعة ولعملية التفريغ العقلي والنفسي، يبدو أن إيقاع الطبول له تأثيره الخاص على النفس البشرية، لأنه لأول مرة في التاريخ نجد أن شباب العالم قد اتفق على نشوة ولذة موحدة، ألا وهي الموسيقى الحديثة الصاخبة التي يتمايل ويرقص ويستجيب لها الأوروبي، والآسيوي، والأفريقي، والأمريكي بنفس

الحماس والشدة، بل قمت بتجربة ذلك على مجموعة من الطلبة الريفيين وطلبة المدن، ووجدت أن التأثير موحد بغض النظر عن التشكيل الحضاري.

ولذا يتضح من ذلك أن هذه الموسيقى الحديثة تخاطب اللاشعور الجماعي والذي هو موروث غريزي وموحد للجنس البشري، إذ إن الإنسان له شعوره الخاص ولاشعوره الخاص، ولكنه يتميز باللاشعور الجماعي، الذي يؤمن بالأساطير والخرافات والأحلام، والذي تثيره هذه الموسيقى التي وحدت بين شباب العالم وجعلتهم يتغنون بنغم واحد.

والموسيقى لها تأثيرها المباشر على قشرة المخ وهي مركز الشخصية والوجدان والتفكير، ومن أهم الوسائل التي تلعب الموسيقى فيها دورًا إيجابيًا في النفس هي قدرتها على تهدئة التغذية الاسترجاعية والأفعال المنعكسة الشرطية في قشرة المخ مما يجعل الفرد عرضة للإيحاء، ومن هنا ينطلق في أحلامه وتخيلاته ويفرغ مشاكله فيحس بالراحة والسكون، واستعداد الفرد لاستماع الموسيقى يعتمد على حالته النفسية، فلا يمكن لمريض الاكتئاب الاستماع للموسيقى الصاخبة، وبالمثل لا يمكن لمريض الهوس أو الانبساط الاستماع للموسيقى الحزينة، أما مريض الفصام فأحيانًا ما يزيد انطواؤه أو انعزاله إذا استمع إلى نوعية موسيقى خاطئة، ومريض القلق لا يصح له الاستماع إلى الموسيقى التي تزيد من تعثره وسرعة إثارته العصبية.

وفيما يختص بالعلاج الموسيقي في الأمراض النفسية والعقلية، فقد عاش «أمحوتب» (أبو الطب) في بلادنا حوالي ٢٨٥٠ ق.م. وقد

تحول معبده في مدينة منف بعد ذلك إلى مدرسة للطب ومستشفى للعلاج، حيث يعالج مرضى العقل بأحد أشكال العلاج النفسي وهو شبه إيحائي، وأطلق عليه اسم معبد النوم أو المعبدي تحت تأثير الموسيقى الهادئة، ثم أخذ الإغريق بعد قرون عديدة عن قدماء المصريين ذلك الوضع وطبقوا طرقهم في العلاج ثم أضافوا إليها بعد ذلك من عندهم. وفي عهد «أبقراط» جرت العادة على أن يتردد المصابون بالمرض العقلي على معبد معين حيث كانت تقدم القرابين وتقام الصلوات والابتهالات على أنغام الموسيقى.

وفي القرون الوسطى ترك علاج المرض النفسي والعقلي في أوروبا في أيدي رجال الدين، فشاعت المعتقدات الخرافية عن فاعلية السحر، وغيره، وتعرض المرضى للتعذيب والحرق.

وعلى خلاف هذا الذي كان يجري في أوروبا كانوا في بلادنا في القرن الرابع عشر يمارسون العلاج بالموسيقى، ففي مستشفى قلاوون بحي النحاسين بالقاهرة، وهو من أوائل المستشفيات العامة التي تضم قسمًا للأمراض العقلية قبل أوروبا بستة قرون، وكان مكونًا من أربعة أقسام أحدها للجراحة، والثاني لطب العيون، والثالث للأمراض الباطنة، والرابع للأمراض النفسية، وكان المرضى يزودون بالكساء والغذاء وشراب الورد مع الموسيقى المستمرة طوال فترة العلاج، أي أنهم اعتمدوا أساسًا في علاج المرضى على الموسيقى للتهدئة وللراحة النفسية.

وقبل الاستطراد في تأثير الموسيقى على مرضى النفوس والعقول، يجب دراسة الموسيقى في تأثيرها على النفس البشرية السليمة.

وإذا أخذنا بعض الأمثلة التاريخية في كيفية إشعال الحماس والعزيمة لاتضح على الفور أهمية هذا السلاح في تغيير الاعتقادات، فعند هجوم النازي على ليننجراد في الحرب العالمية الثانية ألَّف سرًّا «شوستاكوفتش» السيمفونية السابعة المشهورة وهربها إلى طهران، ثم القاهرة، ثم نيويورك حيث عزفت للمرة الأولى، ونالت إقبالًا شديدًا وبدأ عزفها في كل الأماكن لدرجة أنها ساعدت الرأي العام في مساندة الحكومة في اتخاذ قرار دخول الولايات المتحدة الحرب حليفة مع روسيا.

لا ننسى أيضًا تحرش ألمانيا والنمسا وبريطانيا بحدود فرنسا بعد الثورة الفرنسية، وظهور «المارسيلييز» الذي جمع الشعب الفرنسي تحت لوائه واستغله نابليون في إثارة الكبرياء الوطني الفرنسي، وكانت «المارسيلييز» الموسيقى التي صاحبت كل غزواته على أوروبا، وكذلك أثناء الهجوم الثلاثي على مصر ١٩٥٦ كان لتأثير بعض الأناشيد والموسيقى مثل «الله أكبر»، «والله زمان يا سلاحي»، رد فعل قوي لتعبئة كل الرأي العام حتى إنه تم اختيار النشيد الأخير كسلام جمهوري.

وإن كنا ناقشنا التأثير الحماسي للموسيقى، فلا ننسى تأثيرها على الوجدان، وخير الأمثلة السيمفونية السادسة الحزينة لـ«تشايكوفسكي»، والسيمفونية الثانية والكونشرتو الثالث لـ«رحمانينوف» والذي ألفه في حالة من الاكتئاب والسواد الشديد وأهداه لطبيبه النفسي الذي كان يعالجه في هذه الفترة.

وقد استطاعت الموسيقى أن ترهف السمع وتطلق الخيال حتى في

وصفها للطبيعة والريف مثل السيمفونية الريفية السادسة لـ«بيتهوفن» وهمسات الغابات من رباعية الـ«نيبلونج» لـ«فاجنر»، ومعظم سيمفونيات «جوستاف ماهلر»، لدرجة أن الموسيقى بدأت تصف الأشياء المجردة، وكما قال «ريتشارد شتراوس» إنه يستطيع التفرقة بين أنواع الجنة بواسطة الموسيقى، ولنا مَثَل في كرنفال الحيوانات لـ«صان صانز»، ويجدر بالذكر هنا الشعور بالحنين للموطن وكيفية تأثير الموسيقى على هذا الوجدان مثل العالم الجديد لـ«دفوشك»، و«ملتافيا» لـ«سميتانا»، و«فنلنديا» لـ«سبيليوس»، بل إن «فاجنر» حاول وصف العلاقة الجنسية ونشوة الوصال الباهرة في أوبرا «كريستيان» و«إيزولدا».

وقد استخدم التأثير النفسي للموسيقى في حث الناس على الإقدام على سلوك معين، فتعزف الآن في محطة «واترلو» بلندن موسيقى سريعة حماسية في ساعات الازدحام لحث الناس على الإسراع في خطواتهم، وفي مطارات أوروبا تعزف الموسيقى الهادئة لكي تهدئ من خوف وروع المسافر، ولتعطيه الصبر للانتظار... وهكذا.

أما بالنسبة لمرضى النفس والعقل، فقد استعملت الموسيقى منذ فترات بعيدة، وأقرب الأمثلة لذلك «الزار»، وهو من أكثر العلاجات الشعبية شيوعًا في مصر والسودان من خلال الحبشة، ويعتمد احتفال الزار على قرع الطبول بشدة مع رقصات عنيفة يتخلص بعدها المريض من أعراضه النفسية، وقد أتيحت لي الفرصة في عام ١٩٦٥ في دراسة مائة سيدة من المترددات على الزار، وكان حوالي ٦٣٪ منهن متزوجات، وغير سعيدات في زواجهن، إما لخيانة الزوج، أو لعدم

الارتواء الجنسي، أو لعدم التوافق الزوجي، ولقد ندهش إذا علمنا أن ٢٨٪ قد أنهين دراستهن الثانوية، وبفحص هؤلاء السيدات وجد أن معظمهن يعانين من أمراض هستيرية واكتئابية وآلام عضوية في الجسم سببها نفسي، تتحسن وقتيًّا بالزار، أي بالموسيقى العالية ولكن يجب التكرار والاستمرار، لأن العلاج هنا لا يهاجم السبب الكيميائي الأصلي، ولكنه يعتمد على الإيحاء المباشر.

كذلك إذا أخذنا «الذِّكْر» وهو إلى حد ما شبيه بالزار ولكن له صبغة دينية ويدور في حلقات أحيانًا من الرجال، وأحيانًا من النساء، والكلمة بالطبع مشتقة من ذكر الله، ويبتهل المشتركون بكلمات دينية أثناء قرع الطبول والرقص العنيف، يشعر بعدها المشترك براحة نفسية كبيرة وارتواء وجداني شديد.

وإذا حاولنا تفسير ظاهرة قرع الطبول وتأثيرها النفسي سواء في رقصات القبائل أو الزار أو الذكر لوجدنا المريض يكتسب إثارة وتهيُّجًا في الجهاز العصبي من جراء قرع الطبول الصاخب والذي يزداد في العلو لدرجة لا تتحملها الأذن البشرية، وهنا يصاب الجهاز العصبي بالإنهاك والتعب لدرجة الإغماء أو ما نسميه بـ«الكف الوقائي» وذلك لحماية المخ من الضربات المتلاحقة، وهنا يكون المريض في حالة من الضعف والإيحاء، فينسى أعراضه المرضية الحديثة، وما يجعل للموسيقى هذا الأثر القوي على المرضى، هو الإعداد الواعي للمريض، تهيئته النفسية والاجتماعية، وهذا هو الأمل الوحيد لشفائه، كذلك الثقة التامة والإيمان الكامل بهذا العلاج قبل الإقدام عليه، وتأثير الجماعة واشتراك عديد من المرضى في العلاج

في التأثير على بعضهم، والإحساس بالمشاركة الوجدانية سواء في نفس الأعراض أو نفس المشاكل مما يجعل الاحتفال شبيهًا بما يسمى أخيرًا العلاج النفسي الجماعي، يزيد على ذلك تأثير السيكودراما الموجودة في الاحتفال، والإيحاء بالكلمة والعمل أثناء مرحلة تفكك الشخصية بعد الإغماء من تأثير قرع الطبول، وفي إحدى الإحصائيات الأخيرة التي قمنا بها في مستشفى جامعة عين شمس، وجدنا أن حوالي ٦٠٪ من المرضى المترددين على عيادة الطب النفسي، قد مارسوا أحد العلاجات التقليدية قبل مجيئهم للعيادة النفسية، ومعظمهم من خلال قرع الطبول في الزار أو الذِّكْر أو بعمل الأحجبة وإزالة العمل والسحر.

أما الوسائل الحديثة في العلاج النفسي باستعمال الموسيقى فلا تعتمد على هذه الموسيقى الصاخبة المبنية على قرع الطبول، ولكن على العلاج النفسي والكيميائي والكهربائي، فنحاول تأهيل المريض بالموسيقى، فالمريض النفسي لا ينام على السرير مثل باقي المرضى، بل إنه يتحرك وينفعل ويجب امتصاص طاقاته، فمثلًا في مريض الاكتئاب نبدأ بالموسيقى التي تتوافق مع مزاجه فتكون هادئة، سوداوية ثم نبدأ تدريجيًّا في إعطائه الموسيقى التي ترفع من وجدانه وتعيده إلى حالته الطبيعية، لأنه إذا بدأنا بالموسيقى المرحة، فعادة ما يلفظها المكتئب وينفر من الاستماع إليها، أما مريض الهوس أو الانبساط فهو في حالة حركة مستمرة، والشعور بالمرح والنشوة، فهنا يستمع إلى موسيقى مرحة تدريجيًّا تخفض من كيفيتها حتى يهدأ ويستطيع الاستماع إلى الموسيقى الهادئة.

أما مريض الفصام، فهو عرضة للانطواء والانعزال وأحلام اليقظة، ولذا يجب الاستماع للموسيقى تحت الإشراف الطبي حتى لا ينغمس في تأملاته ويزيد من انطوائه.

وقد امتد استعمال الموسيقى في العلاج النفسي في الأطفال المتخلفين عقليًا، فقد وجد أن جزءًا كبيرًا منهم لا يستجيب لأي شيء إلا للموسيقى خاصة هؤلاء الذين يعانون من مرض المنغولية، فشغفهم بالموسيقى، ومحاولتهم للمحاكاة يعطي لهم الإحساس بالإنجاز، الذي يكون له أثره البالغ في سعادتهم وإعادة بعض الثقة إليهم.

ونستطيع أن نلخص ما سبق أن قلناه أن للموسيقى تأثيرها النفسي والفسيولوجي على الجهاز العصبي تمامًا كتأثير الكلمة في العلاج النفسي، بل أحيانًا ما يكون تأثير الموسيقى أقوى من الخطابات الحماسية، والمقالات الوطنية، كذلك ثبت علميًا أن للموسيقى أثرها في تغيير بعض العادات المزاجية وذلك من خلال تأثيرها الكيميائي والفسيولوجي على بعض مراكز المخ، إذ لا يجب نسيان الحقيقة الواقعة أن الموسيقى شيء مادي، فهي ذبذبات صوتية تصل إلى مراكز السمع في المخ، ثم إلى مراكز الترابط والإدراك في المخ حيث تؤثر على الدوائر الكهربائية والكيميائية، إذ عندما نتكلم عن تأثير الموسيقى على الوظائف العليا للجهاز العصبي، فقد وجدنا أنها تؤثر على قشرة المخ وتجعل الفرد في حالة من الاسترخاء والإيحاء للاستجابة للأفكار ولمعتقدات معينة، وكلنا نعي معارضة بعض الأفكار والمجادلات الساخنة، وكيفية تغير الفرد بعد الاستماع إلى الموسيقى وقبوله ما كان يعارضه من قبل.

ونختتم المقال بتأكيد أن الموسيقى من أروع المخترعات الإنسانية للتأثير على النفس البشرية سواء في الحالة السوية أو المرضية، وجدير بنا أن نعلم أطفالنا كيف يستمعون للموسيقى، ويستجيبون لها حتى نعزز فيهم التذوق الجمالي ونعيد إليهم روح السكينة والأمان والحب بدلًا من أفلام العنف والحرب والحقد، لأنهم في غمرة ازدحام المواد في المدارس ينسون جزءًا مهمًّا من حياتهم ألا وهو النفس والتي ترقى في زهد وشفافية تحت تأثير الموسيقى.

وأخيرًا أصبح في العلوم العصبية ما يسمى بتأثير «موزارت» الموسيقار، فقد وجد أن مرضى الصرع الذين لا يستجيبون للعلاج بأدوية الصرع، إذا استمعوا لسوناتا لـ«موزارت»، تبدأ المستقبلات العصبية في الاستجابة لأدوية الصرع، وفي بحث في «أنطاليا» على الأطفال المبتسرين الذين يتراوح عمرهم من أيام لأسابيع، وجد أن وزنهم يزيد إذا استمعوا لموسيقى «موزارت» مقارنة بهؤلاء الذين لم يستمعوا للموسيقى، مما يدل على تأثير الموسيقى قبل الكلام والمشي.

٩

الموسيقى والمرض النفسي

هل هناك حقًّا شعرة دقيقة تفصل بين العبقري والمجنون؟

وهل تسقط هذه الشعرة أحيانًا أو كثيرًا ويتحول العبقري إلى إنسان مجنون.. أم أن هذه الشعرة غير موجودة أساسًا وبهذا تصبح العبقرية شكلًا من أشكال الجنون، أو الجنون مظهرًا من مظاهر العبقرية؟

هناك العديد من الأبحاث التي قام بها الأطباء النفسيون في العالم لدراسة مدى انتشار المرض العقلي بين العباقرة في شتى المجالات، وخاصة بين المؤلفين الموسيقيين.. وهناك أيضًا دراسات شملت المصورين والشعراء والكُتاب بل حتى العلماء والمخترعين.. ولعل من أمتع القراءات تلك التي تتناول حياة عباقرة العالم.. والأمر المثير هو أن حياتهم كانت غريبة فعلًا وإن كانت قصيرة.. وإذا كان كل ما كتب أو نقل عنهم صادقًا فلا شك أن حياة الكثير منهم كانت تتسم بالشذوذ، والعبقرية في حد ذاتها نوع من الشذوذ.. شذوذ عن القاعدة.. وشذوذ إحصائي أيضًا، فالعبقرية ظاهرة غير متكررة

وغير موروثة وقصيرة الأجل أيضًا.. بعضهم يموت منتحرًا والبعض الآخر يموت مريضًا في سن مبكرة، ومعظمهم عانى من الأمراض، ولم يعرف عن أحدهم أنه كان رياضيًّا أو كان معتنيًا بصحته، والكثير منهم عانى من التقلبات النفسية، وخاصة أصحاب المواهب الفنية، وعلى حين أن العبقرية العلمية هي نوع من الذكاء، ذكاء الملاحظة والبحث، فإن العبقرية الفنية هي الموهبة.

وقديمًا قالوا إن ما بين الذكاء والموهبة قنطرة وما بين الموهبة والجنون شعرة، ولعل هذا ما دفع «شكسبير» إلى أن يقول في رائعته هاملت (الفصل الثالث ـ المنظر الأول): «لا يجوز أن يمر الجنون بين العظماء دون ملاحظة أو تعليق». ويرى العالم الألماني «أرنست كريتشمر» أن نسبة انتشار الأمراض النفسية والعقلية بين المبدعين والعباقرة أعلى من نسبة انتشارها بين الأفراد العاديين، وهذا عكس ما نعرف عن المرض العقلي بالذات من أنه يعطل القدرات. وقد قام الطبيب النفسي الإنجليزي «سليتر» بالعديد من الأبحاث خرج منها بأن العبقرية لا ترتبط بأي خلل أو اضطراب عقلي إلا أنه وجد أن بعض أنواع الشخصيات تساعد على ظهور بعض القدرات ومن أهمها الشخصية النوابية التي يتأرجح مزاجها بين الانبساطية والاكتئابية.

وهذا الرأي ليس حديثًا بل هو يرجع إلى عصر أرسطو الذي لاحظ أن معظم السياسيين والفلاسفة الشعراء يميلون إلى المزاج المتقلب بين الاكتئاب والمرح. ونعرف أن «فرجينيا ولف» الأديبة البريطانية كتبت معظم إنتاجها أثناء فترات المرح أو الهوس إلى أن انتحرت في آخر حياتها في نوبة اكتئابية.

وقد ظهر عام ١٩٧٧ كتاب بعنوان «المخ والموسيقى»، ويحتوي هذا الكتاب على فصل رائع بعنوان «المرض العقلي والموسيقى» كتبه الدكتور «ترثون» أستاذ الطب النفسي بجامعة «برمنجهام» بإنجلترا على مدى عشر سنوات. وقد قام المؤلف بدراسة حياة كبار الموسيقيين العالميين الذين اشتهر عنهم أنهم كانوا يعانون من الاضطرابات النفسية، ودرس مدى تأثير هذه الاضطرابات على قدراتهم الموسيقية الخلاقة، فوجد أن الكثير من المؤلفين الموسيقيين كانوا يعانون من مرض الاكتئاب المتكرر، وبعضهم كانت تتتابهم فترة مرح أو هوس بين نوبات الاكتئاب، وأن أروع إنتاجهم كان في الفترات السوية أو فترات الهوس تحت الحاد، بينما كان إنتاجهم يقل أو ينعدم في فترات الاكتئاب المَرَضية الشديدة.

وقد اعترف الفنان الموسيقي «ريمسكس كورساكوف» بأن حيويته الموسيقية كانت تتضاءل في حالات الاكتئاب، فكتب يقول: «في بداية شهر سبتمبر وذات صباح رقيق صحوت وقد انتابني تراخٍ شديد في أعضائي مصحوب بضغط على رأسي واضطراب في أفكاري، فانتابتني حالة من الخوف حتى إنني فقدت شهيتي تمامًا وآثرت العزلة، وتبلدت أحاسيسي تجاه الموسيقى، وانشغلت ببعض الأفكار الدينية والفلسفية». ولكن يبدو أن هذه الفترات التي تبدو لنا خاملة تشبه إلى حد بعيد رقاد الطير فوق البيض حتى يفقس، فهي الفترات التي يقوم المؤلف خلالها بالتجميع والتخزين إلى أن تظهر بعد ذلك في فترة الإنتاج.

وتتضح هذه الظاهرة أيضًا من رسائل واعترافات العديد من الموسيقيين التي كتبوها عن أنفسهم وعن أعمالهم.

يقول «إلجار» في أحد خطاباته إلى صديق له أثناء إحدى حالات الاكتئاب: «بالرغم من أنني قد هجرت الموسيقى فإنني أحس أني مريض بها وأني على اتصال بها كل الوقت».

ويذهب «مايكل كنيدي» إلى أن فترات الإبداع الموسيقي عند «إلجار» كانت تسبقها فترات اكتئاب حادة، وفي سنة ١٩٠٧ مر «إلجار» بحالة اكتئاب شديدة أعقبتها فترة نشاط حاد أنتج فيها سيمفونيتين وكونشرتو، وهو ما يؤكد أن «إلجار» كان مصابًا بمرض الاكتئاب والمرح الدوري (ثنائي القطب)، فقد كان يصاب بفترات اكتئاب يشعر فيها بالحزن والمرارة واليأس يتوقف فيها عن العمل ثم تعقبها فترة مرح وسعادة ونشاط زائد تشهد له إنتاجًا غزيرًا.

كذلك كانت تجتاح المؤلف الموسيقي «وارلوك» حالات حادة تستمر لعدة أسابيع. كتب «وارلوك» خطابًا في شهر يونيو ١٩١٨ إلى صديقه «كولن تايلور» يصف فيه حالته قائلًا: «أنا حزين جدًّا وأحس بأنني قد تفتت وصرت عقيمًا ولا جدوى مني، إذ بت لا أستطيع كتابة مقطوعة موسيقية واحدة». وبعد شهرين من كتابة هذا الخطاب ألف «وارلوك» فجأة عشر أغنيات في أسبوعين. غير أن الاكتئاب العقلي عند «وارلوك» كان عميقًا مما أدى إلى انتحاره بعد ذلك.

وتنعكس الحالة النفسية للمؤلف الموسيقي على أعماله وخاصة حالات الاكتئاب، وتنتظم الحركة السادسة من رباعية «بيتهوفن» (مصنف ١٨) التي ألفها بين عامَي ١٧٩٨ و١٨٠٠ والتي اسمها «أباسيوناتا» (العاطفية) من ستة أجزاء يتعاقب فيها البطء والإسراع، وعلى حين تعكس الأجزاء البطيئة جوًّا من الانقباض والكآبة، تعكس

الأجزاء السريعة جوًّا من المرح والبهجة. وهذه الحركة التي خلدت اسم «الاكتئاب» يتضح فيها حقًّا تقلب الحالة الانفعالية ما بين الاكتئاب والمرح. ولعل هذه الحركة توضح طبيعة الحالة النفسية لـ«بيتهوفن» التي كانت تتسم بالدورية.

وحالة «روبرت شومان» بلا شك هي أفضل الحالات التي تمثل التقلبات المزاجية، فهو شخصية دورية مثالية، ولقد أوضح الطبيب النفسي «سليتر» عن طريق رسم بياني العلاقة بين تقلبات «شومان» الانفعالية وإنتاجه. والأمر المثير هو أن هذا الرسم قد أظهر فعلًا أن فترات إنتاج «شومان» كانت تسبقها فترات اكتئابية طويلة، أي أنه كان يعاني من اضطراب ثنائي القطب.

ومن المؤلفين الذين عانوا من الاكتئاب الذي حطم حياتهم وقضى على قدراتهم الإبداعية الفنان الروسي «بالاكريف» الذي هجر الموسيقى فجأة وهو في سن الرابعة والثلاثين ليعمل كاتبًا في محطة سكة حديد بعد أن عكف على التدين الشديد، واستمرت حالة الاكتئاب عنده لمدة أربع سنوات.

ويقال إن اليوم الذي قرر فيه ترك الموسيقى كان يوم احتفاله بذكرى وفاة أمه التي ماتت وعمره عشر سنوات. ويعتقد الأطباء النفسيون الذين درسوا تاريخ حياته أن حالة الاكتئاب لازمته بشكل متقطع بسبب وفاة أمه (هناك أبحاث تشير إلى احتمال أن الإنسان قد يصبح أكثر عرضة للاكتئاب إذا فقد أمه في سن الطفولة)، غير أن «بالاكريف» شفي من اكتئابه فجأة واستأنف النشاط الموسيقي حتى فرغ من أوبرا «تامارا» التي كان قد تركها ناقصة حين داهمته حالة

الاكتئاب، لكنه ما لبث أن وقع فريسة للاكتئاب والديون مرة أخرى حتى طرد من قيادة الفرقة الموسيقية الروسية.

ومن الحالات المعقدة التي كانت مجالًا للعديد من الدراسات النفسية والتشخيصات المختلفة بين الأطباء هي حالة الموسيقار «روسيني» (١٧٩٢-١٨٦٨)، ففي سن السابعة والثلاثين كان «روسيني» قد أنهى تأليف ٣٦ أوبرا، وفي عام ١٨٣٩ أنهى حياته كمؤلف أوبرالي والتزم الصمت ثماني سنوات إلى أن عاوده النشاط لمدة خمس سنوات وإن لم يستطع أن يقدم عملًا كبيرًا. وهذا التوقف المفاجئ لقدراته الخلاقة فسره «شوارتز» المحلل النفسي بأنه نتيجة لحالة الأسى والحزن العميق التي أصيب بها بعد موت والدته في عام ١٨٢٧، وقد تجدد حزنه بعد ذلك بوفاة زوجته الأولى، بالرغم من أنه كان منفصلًا عنها عدة سنوات قبل وفاتها، والغريب أن أم «روسيني» كانت مغنية أوبرا وكذا زوجته «إيزابيلا» التي غنت ما لا يقل عن عشر أوبرات لروسيني نفسه. ويرى المحلل النفسي «شوارتز» أن «روسيني» كان يحمل لأمه عواطف متناقضة من الحب والكراهية وإن كان ملتصقًا بها التصاقًا غير طبيعي في حياته، وقد منعته مشاعر الحب والكراهية من أن يرثيها بطريقة سوية بعد وفاتها.. ويفسر رفضه للتأليف الموسيقي بعد ذلك على أنه تعبير عن غضبه اللاشعوري تجاه أمه التي هجرته بموتها.

ويرى البعض أن «روسيني» كان مصابًا بمرض الاكتئاب الهوسي أو ما يسمى الآن الاضطراب الوجداني ثنائي القطب، فقد كان شخصية انبساطية مكتنز الجسم، هذا بالإضافة إلى نوعية الأعراض التي أصيب

بها. وفي العام الذي هجر فيه الموسيقى كانت أعراض الاكتئاب الشديد واضحة عليه، وكما قال أحد أطباء النفس: إن حالة «روسيني» هي حالة اكتئاب مثالية تصلح تمامًا لأن يتعلم منها طلبة كلية الطب الأعراض الحقة لمرض الاكتئاب، فقد كان يعاني من هبوط تام في معنوياته وانحطاط في قواه الجسمانية، كما فقد قدرًا كبيرًا من وزنه لعدم رغبته في الأكل، وقد عانى كثيرًا من الأرق والخواطر الانتحارية وأصابه إحساس بأنه فقير معدم لا يصلح لشيء ولا يستحق الحياة. التقى به «مندلسون» عام ١٨٣٦ وقال عنه إن هذا الرجل مكتئب حقًّا، والغريب أنه بعد عام واحد من مقابلته لـ«مندلسون» عاوده نشاطه، واستأنف التأليف الموسيقي، ولكن سرعان ما داهمه الاكتئاب مرة أخرى في عام ١٨٣٩ وذلك عقب وفاة والده.

والأبحاث الحديثة في الطب النفسي تؤكد الآن فعلًا أن بعض الأمراض العقلية كالاكتئاب والفصام تعاود صاحبها إذا تعرض لكرب أو مؤثرات خارجية عنيفة أهمها حوادث الوفاة وخاصة الأب أو الأم أو الزوجة.

ومن الأشياء الغريبة حقًّا أن الكثير من المؤلفين الموسيقيين توقفوا عن التأليف الموسيقي فجأة وفي سن مبكرة جدًّا دونما سبب واضح ودون أعراض عقلية واضحة لديهم، ومن هؤلاء «بول دوكا» (١٨٦٥–١٩٣٥) الذي توقف عن التأليف فجأة وهو في الأربعين من عمره، ويقال إنه فجأة أيضًا حرق جميع أعماله غير المنشورة والتي استغرقت منه عشرين عامًا من العمل المتواصل، ولم يكن يعاني من أي مرض عقلي.

وأيضًا الموسيقار «سيبيليوس» (١٨٦٥-١٩٥٧) الذي كتب أشهر وآخر أعماله «تابيولا» وظل بعدها ثلاثين عامًا متوقفًا حتى لقي ربه، ويرى الطبيب النفسي «لايتون» أن «سيبيليوس» كان محطمًا بسبب عدم ظفره بالشهرة والنجاح في ألمانيا.. وكان قاسيًا مع نفسه حاد النقد لها، ومن أكبر الصدمات التي عانى منها موت صديقه الناقد الفنان «كابلين».

و«تشارلز إيف» (١٨٧٤-١٩٥٤) أيضًا من المؤلفين الموسيقيين الذين توقفوا عن التأليف بسبب إصابته بأزمة قلبية في عام ١٩١٨، وتذهب «أرون كوبلاند» إلى أن سبب توقف «إيف» كان بسبب شعوره بالإحباط لأنه لم يكن له مستمعون قط، فقد كانت مؤلفاته معقدة وصعبة وبعيدة عن الإدراك في عصره رغم أن أعماله شائعة الآن.

وحالة المؤلف الموسيقي الشاعر الرسام الفرنسي «هنري دوبارك» (١٨٤٨-١٩٣٣) من الحالات المثيرة بالنسبة للأطباء النفسيين، فقد جمع أعراضًا كثيرة كالاكتئاب والوساوس.

أرسل «دوبارك» وهو في سن الثانية والسبعين خطابًا إلى ناشره يقول فيه: «إن كل مؤلفاتي الموسيقية كانت قبل سن السابعة والثلاثين، وبعد ذلك توقفت تمامًا.. ويرى البعض أن ذلك بسبب ضعف بصري وأيضًا حالة الشلل التي أصبت بها. ولكن ذلك غير صحيح على الإطلاق.. فقد شعرت أني عاجز عن أن أكتب جملة موسيقية واحدة».

ويرى الـ«أجونيني» أن «دوبارك» كان مصابًا بمرض الاكتئاب الهوسي (ثنائي القطب)، وأن توقفه الموسيقي كان بسبب حالة الوهن والوساوس التي أصابته وخاصة فيما يتعلق بإنجازاته التي

دفعته في مئات المرات إلى أن يمزق الأجزاء الأولى من الأعمال التي كان يبدأ فيها.. ويمكن القول إن «دوبارك» كان مصابًا فعلًا بمرض الوسواس القهري.. ومن الوساوس التي لازمته فكرة سيطرت عليه بأن الطائر الذي كان يغني كل صباح على شباك حجرته يمنع عنه الأفكار الموسيقية (لا توجد معلومات كافية عن طبيعة هذه الفكرة، ويمكن اعتبارها نوعًا من المعتقدات الخاطئة أو الضلالات، وهي عرض عقلي، وذلك إذا كان «دوبارك» على يقين أن الطائر يمنع عنه الأفكار، هنا تخرج من حيز الوساوس التي تتميز بأن المريض يعرف تفاهة الفكرة ويحاول أن يقاومها وتصبح نوعًا من الضلال). والعجيب أن كل هذه الاضطرابات أثرت على إنتاجه الموسيقي فقط، ولم تعق إبداعه الفني في الشعر والرسم.

ومن أشهر الحالات المَرَضية وأكثرها تفاقمًا حالة الشاعر والموسيقار الإنجليزي «إيفور جرني» (١٨٩٠–١٩٣٧) إذ أدى مرضه إلى التدهور الواضح في نوعية أعماله، ولقد أمكن بتحليل هذه الأعمال التعرف على نوعية بعض هذه الأعراض المَرَضية.

فُصل «جرني» من الجيش في سنة ١٩١٨ بسبب اضطرابه النفسي، وفي السنوات التي تلت خروجه من الجيش كتب أشهر أشعاره وأغانيه حتى دخل مستشفى الأمراض العقلية في سنة ١٩٢٢، ومكث فيه لمدة ١٥ سنة متتالية، مات بعدها بمرض الدرن، وكان تشخيص حالته فصامًا اضطهاديًا، وكان يشرف على علاجه الطبيب الإنجليزي المشهور «أندرسون» الذي يقول: «إن «جرني» عانى من العديد من الانهيارات النفسية قبل دخوله المستشفى، وإنه عقب كل انهيار كان

يقوم بتأليف عمل من الأعمال الكبيرة المشهورة، وكانت بداية ظهور هذه الأعراض في عام ١٩١٣ عندما كان في العشرين من عمره، بدأت في صورة نوبات متكررة من الاكتئاب ومحاولات الانتحار والتي كانت مقدمة لإصابته بمرض الفصام». ولقد استمر «جرني» في التأليف الموسيقي حتى بعد دخوله المصحة العقلية وانعكست أعراض المرض على مؤلفاته وخاصة مشاعر الاضطهاد التي كان يعاني منها.

كان «جرني» يعتقد أنه هو المؤلف الحقيقي لكل مسرحيات «شكسبير»، وأن «هايدن» و«بيتهوفن» شخصيات وهمية، وأنه ـ أي «جرني» ـ هو مؤلف كل الأعمال التي نسبت إلى «هايدن» و«بيتهوفن». وفي أحد مؤلفاته أثناء وجوده بالمستشفى وقَّع عليه باسم «بيتهوفن»، ولم يكن هناك ترابط بين جُمَله الموسيقية، وهو ما يعتبر من الأعراض المشهورة في مرضى الفصام، وهو عدم ترابط الأفكار.. ولعل هذا ما يوضح مدى تأثير المرض العقلي على أعمال الفنان وخاصة التشتت وعدم الترابط، وأن الإنتاج الفعلي للفنان لا يكون إلا في حالته العقلية السوية حتى وإن كان يعاني من أحد الأمراض العقلية، وهذا يوضح أيضًا الفرق بين مرض الاكتئاب ومرض الفصام. فالاكتئاب مرض دوري يأتي على صورة نوبات متكررة ويُشفى المريض تمامًا من النوبات، وقد يعقب نوبة الاكتئاب نوبة مرح أو هوس، وفي هذه النوبات يقدم الفنان أعظم أعماله، ولا يؤدي هذا النوع من الاكتئاب إلى تدهور في الشخصية أو القدرات الذهنية.

أما مرض الفصام فيستمر لمدة طويلة، وقد تتحسن الحالة ويعود

المريض لسابق عهده، ولكن الكثير من المرضى يعانون من بعض الأعراض المتبقية، كما أنه يسبب تدهورًا في الشخصية واختلالًا في التفكير، ولهذا فإن حالة «جرني» هي فصام أدى إلى تدهوره التام والتشتت الواضح في إنتاجه الفني.

والأمراض العضوية التي تصيب المخ تسبب أيضًا تدهورًا في المقدرة على التأليف الموسيقي ويعتقد البعض أن هذه الظاهرة بدت بوضوح في الأعمال الأخيرة لـ«شومان» وأيضًا لـ«دونيزيتي» ولـ«سميتانا» الذين عانوا جميعًا من «زهري الجهاز العصبي» (هناك شك أن شومان أصيب بهذا المرض إلا أنه كان يعاني من أعراض مرض عقلي في المخ).

ومن المؤلفين المؤكدة إصابتهم بزهري الجهاز العصبي «هوجو وولف» (١٨٦٠–١٩٠٣) ولقد ظهرت أعراض المرض العقلي على «وولف» فجأة في سبتمبر ١٨٩٧ حينما كان يعزف على البيانو في وسط مجموعة من أصدقائه الذين دعاهم ليستمعوا إليه، وفجأة ترك العزف وأعلن على الحاضرين أن «مالر» مدير الأوبرا في فيينا قد أعفي من منصبه، وأنه تولى هذا المنصب الآن، ولقد صدمت هذه الكلمات أسماع ضيوفه وتم نقله فورًا إلى مصحة للأمراض العقلية، ورغم أن الحالة ظهرت فجأة، فإنه كان واضحًا أن «وولف» يعاني من أعراض زهري الجهاز العصبي منذ عام، وذلك من خلال الاضطراب الواضح في سلوكه وعدم ثباته وتقلباته الانفعالية. والغريب أن «وولف» قبل دخوله المصحة بستة أشهر كان قد أنهى مؤلفه «الأغنيات الثلاث لميكيلانجيلو» وذلك في مارس ١٨٩٧. ولقد وصف «أرك سام» هذا

المؤلف بأنه مليء بالانفعالات الحادة. وواضح أن تدهورًا ضئيلًا قد أصاب «وولف» في قدرته على التأليف الموسيقي رغم إصابته المتدهورة في المخ.. وهذه النقطة قد حيرت العلماء كثيرًا، فمعروف أن المرض العقلي العضوي الذي يصيب المخ يؤثر بشدة على قدرة الإنسان على استعمال التفكير التجريدي. وكما هو معروف فإن التأليف الموسيقي يحتاج إلى درجة عالية من القدرة على التجريد، فالموسيقى هي أكثر الفنون تجريدًا. ولقد قدم العلماء العديد من التفسيرات لهذا الموقف المحير، فالموهبة الموسيقية مكانها الفص الصدغي غير السائد في المخ، بينما يؤثر زهري الجهاز العصبي أول ما يؤثر على الفص الجبهي أو الأمامي، ولهذا يظل المؤلف الموسيقي محتفظًا بموهبته وقدراته وقتًا طويلًا بعد إصابته بالمرض، وذلك لأن المرض يبدأ في مكان مختلف من المخ عن المكان الذي توجد فيه القدرة الإبداعية الموسيقية.

ولكن هناك رأيًا مخالفًا، فالمعروف أن المرض العضوي الذي يصيب المخ يؤثر على القدرات والمهارات المكتسبة حديثًا ويترك لوقت طويل القدرات والمهارات المكتسبة منذ زمن بعيد دونما تأثير مثل الموهبة الموسيقية التي تبدأ في سن مبكرة. وأبرز مثال على هذا «موزارت»، ولهذا فإن المرض العضوي حين يصيب المؤلف الموسيقي، فإنه لا يؤثر على مقدرته الموسيقية لأنها موجودة في مخه منذ طفولته.

ونلاحظ عمومًا في الأمراض العقلية العضوية التي تصيب المخ أن المريض يتدهور في بعض القدرات ويظل محتفظًا ببعض القدرات

الأخرى، وهذا يرجع إلى إصابة بعض الأجزاء وترك أجزاء المخ الأخرى سليمة.

وبالرغم من أن الناقد الموسيقي «سام» كتب في سنة ١٩٦١ عن آخر أعمال «وولف» «الأغنيات الثلاث لميكيلانجلو» التي كتبها تحت تأثير إصابة مخه بالزهري ووصفها بأنها عمل غير متكامل، فإنه استطرد قائلًا: «إن هذا العمل مثير وتتضح فيه العاطفة الشديدة، ولا يمكن فهمه عند سماعه لأول مرة، ويكفي هذا العمل لتخليد «وولف»». ويعجب الناقد «أرنست نيومان» (١٩٠٧) كيف أن إنسانًا أصيب بهذا المرض العقلي العضوي الخطير يستطيع أن يكتب ما كتب «وولف».

وبعيدًا عن مجال الأمراض العقلية المحددة واضطرابات المخ، فهناك اضطرابات أخرى لا تدخل في نطاق الأمراض، وهي اضطرابات الشخصية التي تؤثر على سلوك الإنسان وانفعالاته، وبالتالي تؤثر على نوعية الإبداع الفني في حالة الفنانين، ومن أبرز هذه الشخصيات التي يكون لها تأثير واضح الشخصية الهستيرية والشخصية القهرية. ويعتبر «هيكتور بيرليوز» (١٨٠٣–١٨٦٩) و«ريتشارد فاجنر» (١٨١٣–١٨٨٣) أشهر مثالين للشخصية الهستيرية.

ومن القصص التي توضح الجوانب الهستيرية في شخصية «بيرليوز» سلوكه الدرامي المبالغ فيه حينما علم أن خطيبته «كاميل موك» قد هجرته إلى إنسان آخر. فحينما عرف ذلك قرر الذهاب إلى باريس ليقتل محبوبته «كاميل» وأمها ثم يقتل نفسه. وتنكر في

زي مديرة المنزل وحمل مسدسه وأخفى زجاجة بها «الإستركنين» السام الذي قرر أن ينتحر به بعد أن يطلق الرصاص على «كاميل» وأمها، وخرج يتجول في شوارع «فلورانسا» حتى وصل دون أن يدري إلى «نيس»، وهناك استعاد حواسه وعاد إلى وعيه ولم يعرف بعد مصير المسدس وزجاجة «الإستركنين»، وعاد يستأنف حياته ناسيًا محبوبته الخائنة. والتشخيص الطبي النفسي لحالة «بيرليوز» أنها حالة شرود هستيري، وهو مثل أي شخصية هستيرية لم ينفعل من داخله لفقدان خطيبته لأنه سرعان ما نسيها رغم الدراما التي افتعلها بينما علم بهجرها له، وكما نقول نحن الأطباء النفسيين إن الشخصية الهستيرية لا تنفعل أبعد من حدود جلدها.

ويقال إن «بيرليوز» كان يعاني من مرض الحساسية وأيضًا من مرض الصرع، رغم أنه أنكر هذا المرض الأخير، ومعروف طبيًّا أن مرض الصرع يتميز ببعض السمات الهستيرية، ويمكن تفسير حالة الشرود التي أصابت «بيرليوز» بأنها نوبة صرعية حدثت لصدمته في خطيبته. وأُصيب «بيرليوز» في آخر أيامه بحالة الاكتئاب بعد وفاة زوجته، بالرغم من أنه كان يشعر كثيرًا بالاغتراب نحوها، ولقد وصف أيامه الأخيرة بأنها تتسم بالفراغ والوحدة واليأس الشديد.

أما الموسيقي العظيم «فاجنر» فإنه من الصعب تغطية أبعاد شخصيته معقدة التركيب في هذه المساحة البسيطة، ولكن هناك إجماعًا من جميع الأطباء النفسيين الذين درسوا تاريخ حياته أنه كان ذا شخصية هستيرية نرجسية عاشقًا لذاته، تميل شخصيته إلى السمات ضد الاجتماعية، ولو أن الطبيب الإنجليزي «هندرسون» يرى أنه شخصية سيكوباتية ذات

خلل اجتماعي تتسم بالقدرة الابتكارية، والبعض يعتقد أن أعماله تعكس بوضوح ميوله الهستيرية المبالغ فيها. ورغم الشيوع الشديد لأعماله فإن هناك البعض الذين لا تروق لهم، ومنهم «روسيني» الذي وصف موسيقى «فاجنر» بأنها «صلصة بدون طعام».

وأبرز سمات شخصية «فاجنر» الأنانية الشديدة والقسوة وعدم التهذيب، وكان ذلك واضحًا في معاملته لزوجته الأولى «مينا بلانر»، وسلوكه الشاذ في علاقته مع السيدة «ماتيلدة فيزوندونك» وغيرها، وأجمعت عشيقاته على أنه كان شديد الأنانية محبًّا لذاته وغير مهذب في معاملته للنساء، واتضحت قسوته الشديدة في سلوكه العنيف مع زوج «كوزيما فون بيلو» التي أصبحت فيما بعد زوجته الثانية، فلقد شهر به ووصفه بأنه زوج السيدة الخائنة، رغم أنه كان صديق عمره وزميله.

ولقد وصفه «هندرسون»، بالإضافة إلى أنه أناني ومحب لذاته، بأنه أيضًا كان يفتقر للمشاعر الإنسانية والتعاطف مع الآخرين. ووصفه الناقد «هانزليك» بقوله: «إنه كان يتكلم بطريقة غير معقولة وسريعة وكان دائم الحديث عن نفسه وأعماله وخططه، وإذا ذكر أمامه اسم مؤلف موسيقي آخر، فإنه كان لا يتورع عن إهانته والتقليل من قيمته الفنية».

ويعتقد البعض أن هذه الأنانية الشديدة التي كان يتصف بها «فاجنر» وافتقاره إلى المشاعر الإنسانية، كانت هي أيضًا بعض سمات المؤلفين الموسيقيين ذائعي الشهرة مثل «بيتهوفن» و«هوجو وولف» و«ريتشارد شتراوس».

والشخصية القهرية تجلت سماتها أيضًا في بعض المؤلفين الموسيقيين وظهرت بوضوح في أعمال بعضهم: ومن أشهرهم

«أنطون بروكنر» (١٨٢٤-١٨٩٦) الذي كان موسوسًا بفكرة الموت دومًا، وكان يعاني من رغبة قهرية في العد، وهذا يؤكد أنه لم يكن شخصية قهرية فحسب، بل كان يعاني من أعراض مرض الوسواس القهري، والذي من أعراضه أن يجد الإنسان نفسه مدفوعًا لجمع أو طرح أي أرقام تقع عليها عيناه أو عد درجات أي سلم يصعد عليه أو عد كلمات صفحات كتاب يقرأه وهكذا، تمامًا كالذي يشعر برغبة قهرية لغسل يديه مئات المرات، رغم أنه يعلم تمامًا أنها نظيفة وأنه لا داعي لأن يفعل ذلك ولكنه لا يستطيع أن يقاوم هذه الفكرة التي تسيطر عليه، ويميل هؤلاء المرضى إلى تكرار أي شيء يفعلونه والتأكيد عليه، ويقول الطبيب النفسي الإنجليزي المعاصر «سليتر» إن ذلك قد ظهر بوضوح في أعمال «بروكنر»، ففي بعض الأجزاء يلاحظ التكرار الشديد وإعادة نفس الجزء أكثر من مرة وبنفس الإيقاع، ويظهر هذا التكرار الملح في أعمال «أنطونين دفوجاك» (١٨٤١-١٩٠٤) الذي كان يعاني أيضًا من الوسوسة الشديدة.

وأبرز مثال للشخصية القهرية الوسواسة هو «إريك ساتي» (١٨٦٦-١٩٢٥) الذي كان يعيش وحيدًا في باريس، وبالرغم من فقره النسبي فإنه كان دائمًا يرتدي الملابس النظيفة، وكان شديد الدقة في حركاته وكلامه، شديد النظافة، يقضي أوقاتًا طويلة في الحمام، ولم يسمح لأحد في حياته بدخول حجرة نومه، وحين فتحت هذه الحجرة بعد وفاته وجدت في غاية النظافة والترتيب، وكان دولاب ملابسه يحتوي على دستة بِدل متشابهة في اللون والطراز تبدو كالجديدة من فرط العناية بها.

وظهر هذا بوضوح على أعماله الموسيقية، ومن أجمل العبارات التي قيلت عن أعماله والتي يمكن الاستعانة بها فعلًا في وصف سلوك وأعمال الشخصية القهرية تلك التي جاءت على لسان «لامبيرات» في سنة ١٩٣٤ حين وصف أعمال «ساتي» بقوله: «كما أنه لا يكون هناك أي فرق حين تدور حول تمثال من أي اتجاه فإنك أيضًا لا تشعر بأي فرق حين تعزف موسيقى «ساتي» من أي اتجاه، ولا تشعر بأي فرق حين يختلف النظام أو التتابع الذي تعزف به الأجزاء التي تتكون منها قطعة معينة». وكذلك «ألكسندر سكريابين» (١٨٧١–١٩٥١) يمكن إدراجه كشخصية قهرية، فقد كان يقضي وقتًا طويلًا في تزيين نفسه قبل دخوله أي مكان به جمع من الناس، ويقال إن خطه كان جميلًا منسقًا وكل حروفه متشابهة إلى حد كبير. ومن أعراض وسوسته الشديدة أنه كان لا يأخذ نقودًا أو بضاعة من أي إنسان إلا بعد أن يرتدي قفازًا في يديه، وكان دائم الشكوى من الصداع النصفي (الصداع النصفي منتشر بنسبة أكثر بين أصحاب الشخصية القهرية والمصابين بمرض الوسواس القهري). وعندما تقدمت به السن أصبح مهتمًّا بالمسائل الغامضة والنواحي الدينية وحاول في مرة تقليد السيد المسيح بأن يمشي على مياه بحيرة جنيف، وحينما فشل جلس في قارب يتحدث إلى بعض الصيادين في أمور الدين. ومثل معظم الشخصيات المصابة بالوسواس فإن حياته الجنسية لم تكن موفقة رغم أنه تزوج مرتين.

ومن الأشياء المثيرة أن كثيرًا من عظماء الموسيقى الذين عاشوا في القرن التاسع عشر قد أصيبوا بزهري الجهاز العصبي الذي كان منتشرًا ولا يُعرف له سبب حيث لم يكتشف الميكروب المسبب

والعلاج إلا في أوائل القرن العشرين، وهذا المرض الذي يصيب المخ وبعض أجزاء من الجهاز العصبي تظهر أعراضه بعد عشر سنوات أو أكثر من الإصابة الأولى التي تحدث مباشرة بعد العلاقة الجنسية. في هذا المرض تصاب الخلايا العصبية بالتلف والتآكل ويصاب المريض بضعف تدريجي في الذاكرة حتى تضمحل تمامًا، وتصاحب ذلك أعراض عقلية كالهلاوس والضلالات وبالذات هذاءات العظمة «جنون العظمة»، وقد يصاب المريض بالشلل أيضًا.

ومن المؤلفين الموسيقيين الذين يعتقد «ترثون» أنهم أصيبوا بهذا المرض «هاندل» و«بيتهوفن» و«هوفمان» و«شوبرت» و«دونيزيتي» الذي كان موهوبًا أيضًا في التأليف الموسيقي.

ولعل الإنسان يصاب بالحيرة البالغة بعد أن يعرف أن عباقرة العالم من المؤلفين الموسيقيين كانوا يعانون من اضطرابات عقلية واضحة أو اضطرابات في الشخصية، وأن ذلك قد انعكس بشكل أو آخر على نوعية موسيقاهم. ولعل الإنسان يتساءل أيضًا: هل ثمة علاقة بين الاضطراب النفسي والموهبة الفنية؟ هل ساعدت هذه الاضطرابات بشكل أو بآخر على ظهور الموهبة أو تطورها أو نضجها.. أم أن وجود هذه الموهبة والتي تظهر في عمليات الخلق والإبداع تتطلب حالة وجدانية وانفعالية معينة، وأن هذه الحالة تجعل الفنان معرضًا للاضطراب النفسي؟

مما لا شك فيه أن وجود الموهبة وبالذات الموهبة الفنية لا بد أن يلازمها تكوين نفسي خاص، فلا يمكن تصور أن الموهبة المزروعة في مكان ما من مخ الفنان يمكن فصلها عن بقية المخ، وأن هذا المخ

يمكن أن يتشابه ويتطابق مع مخ الإنسان العادي، فإن وجودها مرتبط ببقية أجزاء المخ والتي يجب أن تؤهل بصفات خاصة تتلاءم مع وجود هذا الشيء الشاذ غير الطبيعي، فالموهبة شيء شاذ لأنها غير موجودة لدى بقية المخلوقات، والفنان إنسان غير عادي لأنه يملك شيئًا فريدًا غير موجود عند البشر العاديين.

وتتطلب عملية الخلق الفني حالة انفعالية لا يستطيع وصفها إلا الفنان نفسه، وربما يشعر بها ولكنه لا يستطيع التعبير عنها، ولذا سوف تظل سرًّا إلى الأبد. وإن أقصى ما وصفت به هذه الحالة أنها تشبه عملية الولادة حيث يجتاح الأم أثناء الولادة مزيج من مشاعر الألم والخوف والفرحة.. فهي من اللحظات الانفعالية الشديدة، ولو وجِد جهاز يمكنه قياس مدى تأثير هذه الحالة الانفعالية الخاصة على الجهاز العصبي للفنان، قياس حجمها ونوعها ومدى تأثيرها، لربما استطعنا أن نتخيل ماذا يمكن أن تتركه من أثر. إن هذه اللحظات لها مستلزمات وجدانية وذهنية خاصة، إنها لحظات تنطلق فيها الشحنات الكهربائية إلى أقصى مداها لتحرك الذهن والوجدان ليصبحا في حالة طوارئ قصوى، وهي ليست على غرار الحرفة التي حين يجيدها الإنسان فإنه يستطيع أن يعمل وينتج بأقل مجهود انفعالي وذهني.

وباستعمال التعبيرات الطبية النفسية فإن الفنان في أثناء لحظات الخلق يصبح في حالة توتر وتوهج وتألق وتناقض، وفي نفس الوقت تناسق وتناغم، ولو أن الجهاز العصبي للفنان تشريحيًا وفسيولوجيًا لا يختلف عن الجهاز العصبي للإنسان العادي إلا أنني أعتقد أنه يعمل بشكل يختلف عن الغالبية، وأنه يتعرض لتغييرات وجدانية

وانفعالات لا يتعرض لها بقية الناس، وإن هذه الأمور لا شك تترك آثارها ربما المزعجة على أعصاب الفنان.

وإذا كان الوضع كذلك، فلا بد أن المؤثرات التي يتعرض لها الفنان تكون ذات تأثير خاص عليه ويتفاعل معها بشكل يختلف عن الإنسان العادي، هل لهذا السبب يكتئب الفنان أو يضطرب بشكل ما نفسيًّا، وأن درجة اكتئابه واضطرابه تكون بشكل أعمق أم أن الاضطراب النفسي هو اضطراب أولي ينشأ من داخل الفنان وليست له علاقة بالمؤثرات الخارجية، وأنه إذا كانت حياة هؤلاء الفنانين غير طبيعية وسلوكهم يبدو شاذًّا أحيانًا، فإن ذلك راجع لاضطرابهم الأولي الداخلي، وبذلك لا تستقيم حياتهم مثل حياة بقية البشر.. هل الموسيقى الحزينة أو المتفائلة التي يبدعها هؤلاء الناس تحكي حالتهم فعلًا وهم يقومون بإنتاجها، أم أنهم بما لهم من خبرة بالاكتئاب والانبساط يستطيعون بسهولة أن يدسوا هذه الأحاسيس في أعمالهم، وليس من الضروري أن يكونوا هم في هذه الحالة الانفعالية؟ إننا كمستمعين ينتقل إلينا الإحساس بالحزن ونحن نستمع إلى عمل موسيقي حزين، ويحدث العكس إذا استمعنا إلى عمل يتسم بالمرح والتفاؤل، فهل يمكن للفنان الذي حرك أحاسيسنا بهذه الانفعالات أن يقوم بإبداعها وهو في حالة انفعالية مختلفة، وأنه فقط أجاد شحن هذا العمل بهذا الإحساس من رصيده السابق؟ إنني شخصيًّا لا أتفق مع هذا الرأي الذي يقترحه «ترثون» في كتابه. رأيي في هذا الموضوع أنه ليس من الضروري أن يكون الفنان في حالة حزن شديد أو انشراح طاغٍ ليعكس لنا هذا في أعماله، ولكنني أعتقد

أنه يكون في حالة وسط، حالة فيها المزيج من كلا الانفعالين، حالة غريبة لمزيج عجيب من الحزن الذي لا يطفئ حيويته والابتهاج الذي لا يفسد رؤيته الجادة العميقة، ويكون ذلك مصحوبًا بالقلق، والتوتر، حالة ـ كما قلت ـ لا يمكن أن يستشعرها إلا الفنان، وقد يستطيع، وفي الغالب لا يستطيع، أن يصفها لغيره أو حتى يحددها لنفسه.

وما دامت كل الأعمال الإبداعية الخلاقة لها محتوى فكري سواء كان رسمًا أو موسيقى أو كتابة أو نحتًا فإنه يحرك لاشعوريًا وجدانه حسب المضمون الفكري لعمله، وبذلك يتواءم الانفعال ويتزاوج مع ما يريد أن ينقله لنا من مضمون، أو بمعنى آخر ينسجم المضمون الفكري مع الانفعال. وفي هذه الحالة لا يصبح الانفعال ـ حزنًا أو انشراحًا ـ وعاءً لهذا الفكر، أو لا يصبح الفكر وعاءً للانفعال، بل هي عملية انصهار كامل، ولهذا فإن الأعمال الفنية المجيدة الخالدة هي التي تحرك أذهاننا ووجداننا في نفس الاتجاه.

إن هذا التشريح النفسي للفنان لا ينتقص من قيمته، وسأنهي الفصل بتوجيه كلمة لصديقي الفنان: رغم أنك مصدر من مصادر المتعة البالغة في حياتنا، رغم أنك تقدم لنا السعادة من ذاتك ومن أعصابك ومن صحتك ومن حياتك، ورغم أنك تقدم لنا ما يثير سرور عيوننا ونشوة آذاننا ومتعة عقولنا فتحرك قلوبنا بالبهجة وتسترخي أعصابنا وعضلاتنا، رغم كل هذا فنحن لا نرحمك.. فعيوننا وآذاننا ثم ألسنتنا وراء كل ما تعمل.. نبحث في حياتك ونفتش عن أسرارك ونتندر بأطوارك الغريبة. هذا قَدَرك وهذه هي رسالتك المقدسة؛ رسالة الشمعة التي تحترق لتبعث الضوء في العقول وتبعث الدفء في النفوس.

إن الاكتئاب قد يعكس انفعالات إيجابية في المريض، فقد ثبت أن مريض الاكتئاب عنده سمات خاصة من الواقعية، الجمود، الإبداع والتعاطف. لقد أتاحت لي الظروف بحكم تخصصي أن يكون من أصدقائي الكثير من الشعراء، والفنانين، والكُتاب والذين كانت موهبتهم تختزن أثناء الاكتئاب وينطلق الإبداع والطاقة في نوبات المرح تحت الحاد الذي يعقب الاكتئاب.

لقد أثبتت الدراسات الأمريكية أن ٥٠٪ من رؤساء الولايات المتحدة أصيبوا بالأمراض الاكتئابية وتم شفاؤهم، وبعدها أعطوا لوطنهم الإبداع والمشروعات غير المألوفة.

١٠

الموسيقى.. والرضا النفسي

تساعد بعض أنواع الموسيقى على تخفيف الأحزان التي تنتاب الإنسان وقد تقضي عليها وترفع من روحه المعنوية.

وقد ذكر الباحثون أن الرقص والغناء على إيقاع دق الطبول الخشبية أو الجلدية، أو النفخ في الآلات النحاسية أو الهوائية عند الإنسان البدائي مفيد لعلاج مس الجسد الإنساني بالأرواح الشريرة أو الجان حيث كانت تسبب له أمراضًا خفية، ولم يجد لها سببًا أو علاجًا، وغالبًا ما كان هذا الرقص والغناء على أنغام الموسيقى يدفع المريض إلى الدخول في حالة من الهذيان والترنح وانعدام الحس، يرتمي بعدها على الأرض مغشيًا عليه، ثم يفيق بعدها معافى.. وهذا أصل الزار في مصر وبعض الدول الأفريقية، الذي يمارس إلى الآن.

وقد قمت ببحث مستفيض حول مائة سيدة من المترددات على الزار ووجدت أن غالبيتهن يعانين من اضطرابات نفسية،

وأن الموسيقى والرقص قد تخفف من الأعراض ولكنها لا تشفي المرض.

وعلى حين كانت الألحان من موسيقى وغناء في بيوت المترفين في مصر القديمة زخرفًا للحياة الناعمة، كانت عونًا على الحياة الجادة عند الطبقات الوسطى والفقيرة، وكان الناي والمزمار ـ بحكم ما كان ينبت في منابع مصر من البوص والغاب ـ أقدم الآلات الموسيقية المصرية وأبسطها.

وقد تغلغلت الموسيقى في كل مرافق الحياة في مصر القديمة، فإذا هي تدخل محاريب العبادة واحتفالات الجنازات والأفراح والحفلات.. وعرفت العديد من الآلات الوترية مثل: الجنك (الهارب) والعود والربابة والطنبور، خاصة في عهد الدولة الحديثة، فضلًا عن الصلاصل (الأجراس) والطبول والدفوف وأبواق الحرب وغيرها. وقام بالعزف على مختلف هذه الآلات الرجال والنساء، سواء فرادى أو جماعات يصاحبها الرقص والغناء مع ضبط الإيقاع بالطبول أو بالصلاصل، أو بفرقعة الأصابع، أو بالتصفيق بواسطة الأيدي، أو باستخدام أيدٍ مصنوعة من الخشب أو العاج.

وكان من بين المصريين من يحترف الموسيقى والغناء كوسيلة يكتسب منها العديد من المكفوفين عيشهم، كما كانت هواية للمترفين يعشقونها لذاتها، على نحو ما نشاهد في نقوش مقبرة النبيل «مروركا» في سقارة، حيث صورت صورت زوجته وهي تطربه بعزفها على الجنك.. كذلك آمن المصريون القدماء بأثر الموسيقى في تهذيب المشاعر وترقية الإحساس، ومع ذلك فإنهم لم يسجلوا أيًّا من ألحانهم أو

أنغامهم على آثارهم أو في بردياتهم، إما لأنهم لم يهتدوا إلى طريقة تدوينها وكتابتها، أو لأنهم كتبوها بطريقة سرية عجز المؤرخون عن تفسيرها، حيث دأب الكهنة على كتمان الكثير من علومهم عن بقية الشعب يلقنونها لأبنائهم فحسب.. ويغلب الظن أن الكنيسة القبطية لا تزال تحتفظ بالكثير من ألحان قدماء المصريين في تراتيلها وقداساتها.

وقد عرفت مناظر الرقص في مصر القديمة منذ عصر حضارة «نقادة»، وذلك قبل عهود الأسرات، حيث عُثر على رسوم وتماثيل لرجال ونساء يرقصون.. ولم يلبث الرقص على أنغام الموسيقى من ناي وطبول أن تغلغل في حياة المصريين على مدى تاريخهم القديم، وعرفوا منه أشكالًا وأنماطًا كثيرة، وذلك بفضل رعاية الدين، الذي كان الرقص أحد أركانه المهمة ومن خصائص شعائره.. فلا تكاد تخلو مناسك الدين في رحاب المعابد من منظر من مناظر الرقص الذي يؤديه الرجال والنساء، فضلًا عن الملوك الذين كانوا يمثلون أو يعبرون عن بعض أحداث الماضي البعيد.. فكانت رقصة الملك ـ وهو يمسك المجداف والمنديل أو بآنيتين عند تقديم القرابين ـ من أهم الرقصات الدينية.

كذلك كان من أهم الرقصات الجنائزية رقصة «المرو»، حيث كان الراقصون يمثلون أسلاف الملك المتوفى من ملوك «بوتو» وهي مقاطعة كانت مزدهرة قبل توحيد مصر وقبل عهد الأسرات وهم يستقبلونه في عالمه الجديد بالجبَّانة، بمختلف أنواع الآلات الموسيقية والعازفين عليها.. كذلك ما كان يجري في الأعياد من

رقص الراقصات لروح المتوفى لإدخال السرور عليها وذلك على أنغام الموسيقى الصاخبة.

كما كان الملوك المصريون القدماء من أشد الناس حبًّا للرقص والموسيقى، فكانوا يعينون العديد من المغنيات والراقصات والموسيقيين في القصر الملكي، ويمنحونهم الهبات السخية، وكانوا مغرمين برقص الأقزام السود.. ويبدو ذلك جليًّا في حالة الإله «بس» رب المرح والرقص، خلال عصر الدولة الوسطى، والذي يصور على هيئة قزم راقص، ويقرع الدف أو يعزف على الطنبور.

أما في الدول الحديثة، فقد امتازت الحياة المصرية خلالها ـ بحكم ما ظفرت به من ثراء كبير ورخاء عريض ـ بشيوع الحفلات والمآدب، والتي لا يكتمل السرور فيها أثناء تناول الطعام والشراب إلا على أنغام الناي والجنك، وضبط الإيقاع بالتصفيق أو بالصنوج فضلًا عن الموسيقيات اللاتي يرقصن ويغنين ويعزفن في آنٍ واحد شبه عاريات.. ويعتبر رقصهن هو أصل الرقص الشرقي الحديث بكل حركاته وليس كما يشاع من أنه منقول عن الرقص التركي، بل على العكس فقد نقلت كافة شعوب آسيا كل خطوات الرقص المصري القديم وحركاته حرفيًّا.

وكانت المعابد منذ أقدم العصور المصرية القديمة زاخرة بالعديد من قارعي الدفوف والعازفين على مختلف الآلات الموسيقية، كجزء لا يتجزأ من المراسم الدينية، والتي كانت تقام بمناسبة الاحتفال بعيد الإله الخاص به.. كما كانت الموسيقى تجلجل أصداؤها مصاحبة

للغناء بواسطة فريق من الرجال والنساء المعينين بالمعبد بصفة دائمة وذلك لأداء مراسم الاحتفالات بمختلف الأعياد الرسمية في مصر، مثل الدعاء للملك عند خروجه للحرب، أو عند رجوعه سالمًا منتصرًا، أو عند توليه العرش، أو عند احتفاله بالعيد الثلاثيني لحكمه، أو عند وفاته.

وكان المعبد يطلق عليه في اللغة المصرية القديمة اسم «بيت الإله» ويعد أقدم معبد ذلك الذي أقيم في مصر في مدينة «أنو» («أونو» أو هليوبوليس.. المطرية حاليًا شمال شرقي القاهرة) كما اشتهر معبد الملك «زوسر» الجنائزي في سقارة (جبانة مدينة منف عاصمة القاهرة الموحدة منذ الأسرة الأولى، وتقع حاليًا مكانها بلدة ميت رهينة مركز البدرشين بالجيزة).

وكانت منف تزخر بالعديد من المعابد ودور الحكومة والقصور ومنازل النبلاء وعامة الشعب.. وكانت معابد المدينة تختص بعبادة مختلف المعبودات، مثل الإله «بتاح» أو «سوكر» أو «رع» وغيرهم.. وكان بكل معبد فريق من الفتيات اللاتي يتبعن سلك الكاهنات منذ عهد الدولة القديمة، وكانت وظيفتهن الرقص والعزف على الآلات الموسيقية المختلفة المصاحبة للترانيم داخل المعبد أثناء الصلاة للإله المعبود، كما كان فناء المعبد يشهد جمعًا من الفتيات يعزفن على الناي والمزمار والدفوف.

ومن أهم معابد منف، كان هناك معبد صغير ملحق بمعبد الإله «رع»، ويرجع بناؤه إلى عام ٢٢٨٠ ق.م (الأسرة السادسة) وكان مخصصًا لعلاج المرضى الذين يعانون من بعض الأمراض

النفسية والعصبية، وذلك عن طريق استخدام فرق تعزف بعض الأنغام الموسيقية الهادئة، مع الاستعانة ببعض الأعشاب المهدئة للأعصاب.

كذلك اشتهر في مصر العليا معبد كبير للعلاج الطبي والاستشفاء هو معبد «أبيدوس»، حيث كان الكهنة يعالجون من يلتمس عندهم الشفاء بالصلاة المرتلة على أنغام الموسيقى من دفوف وصاجات وأراغيل ونايات وغيرها لإرضاء الآلهة، فإذا هي تسبغ نعمة الشفاء على المرضى، ولذلك فقد خصصت لهذا فرقة موسيقية للمعبد والمستشفى التابع له، مكونة من كهنة وكاهنات ينشدون ويغنون، بالإضافة إلى بعض الراقصات اللاتي كن يتمايلن على أنغام الموسيقى، ويقوم المرضى بمحاكاتهم في حركاتهم، كل حسب استطاعته، في حين كان المرضى المقعدون تُعزف الموسيقى بجانب أَسِرَّتهم كل حسب نوع مرضه، وبأنغام خاصة، وقد نقل اليهود العديد من أناشيد «إخناتون» الدينية، وخاصة في مزامير النبي داود التي كانوا يرتلونها، فتفعل المعجزات، وتخفف من آلام المرضى، فقد كانت هناك فرق خاصة من المنشدين على القيثارة، يزورون المرضى في منازلهم ويرتلون هذه المزامير.. وتذكر التوراة أن النبي داود كان يعزف على القيثارة وهو يرتل مزاميره التي تحوي ابتهالات إلى الله الخالق لكي يخفف من آلام الملك «شاؤول».

أما في بلاد اليونان القديمة فقد قام أهلها بنقل كافة الألحان والموسيقى وآلاتها من مصر القديمة، وأدمجوها في أنغامهم الرعوية البدائية واستخدموها في علاج أمراضهم على طريقة الفراعنة.

وتذكر الأساطير اليونانية بأن أحد أبطالهم قد شُفي من جروحه الدامية عن طريق الغناء على أنغام الموسيقى، اعتقادًا منهم بأنها تحوي قدرات سحرية لشفاء الأمراض.

وذكر عالم الرياضيات الإغريقية الشهير «فيثاغورث» (القرن السادس ق.م) بأن في إمكان الموسيقى أن تشفي الأمراض العقلية مثل الجنون، وتسبغ الصحة على المرضى، وذلك عند استخدامها بطريقة صحيحة.. كما كتب الطبيب اليوناني الشهير «أبقراط» (القرن الخامس ق.م) في أحد مؤلفاته الطبية بأن كل مريض يحتاج إلى نوع معين من الموسيقى لعلاج حالته الخاصة، ومن هنا ينبغي اختيار نوعية الموسيقى بدقة ومهارة، حتى لا يترتب عليها تفاقم حالته المرضية.

أيضًا ذكر الفيلسوف الإغريقي أفلاطون (القرن الخامس ق.م) في كتابه الشهير «الجمهورية» بأن الاستماع إلى الموسيقى والغناء والتمرينات الرياضية مثل ألعاب القوى، لها قوة علاجية كبيرة لشفاء الأمراض، حيث تكسب العقل والجسم كامل الصحة، كما أن الموسيقى هي أداة لشفاء الأمراض، خاصة إذا صاحبها الغناء. فاللحن والترنيم المناسبان يجدان طريقهما إلى داخل النفس البشرية، خاصة إذا حاكت الأصوات الإنسانية فترفع معنويات المريض، فإذا هو ينال الشفاء.

كذلك ذكر الفيلسوف الإغريقي «أمبيدوكليس» (القرن الخامس ق.م) بأنه كان يعالج مرضى الصرع بالعزف لهم على آلة اللير.. كما أشار الفيلسوف الإغريقي الشهير أرسطو (القرن الرابع ق.م) باستخدام الموسيقى لأن لها فوائد علاجية كبيرة للمرضى.

كما أوصى العالم الإغريقي «كاسيودوروس» باستخدام الموسيقى المرحة للتغلب على الأحزان لأنها تسري عن المرضى وتريحهم نفسيًّا، وتخفف من انفعالات الغضب والقسوة والكراهية.. أما في القرن الثاني ق.م فقد كتب العالم الإغريقي «أثيناوس جراماتيكوس» يقول إنه يمكن عزف مزامير داود في المقام الفريجي بجوار الأماكن المصابة بعرق النسا في الجسم فيزول الألم، في حين وصف العالم الروماني الشهير والطبيب البارع «جالينوس» في القرن الثاني الميلادي الموسيقى كعلاج وترياق ضد سموم العقارب والأفاعي.

كذلك كانت شعوب دول الشرق البعيدة مثل الهند والصين تولي الموسيقى اهتمامًا كبيرًا، وربطوها بحياتهم وطقوسهم الدينية حتى أصبحت متلازمة مع غنائهم الديني، وكان الفيلسوف الحكيم الصيني الشهير «كونفوشيوس» (القرن السادس ق.م) يحب الموسيقى ويعشقها ويؤكد أنها تحقق الانسجام بين الإنسان والكون من حوله.

أما الهنود فقد كانوا يسمون الموسيقى «سحر الأغنية» (ماذراسنتا) وما زال الغجر في أوروبا يستخدمون الموسيقى للدلالة على الخير والشر، إذ إن بعضها يمكن أن يثير الأعصاب أو يسبب الجنون.

وبحلول المسيحية في أرض مصر وببزوغ العصر القبطي بها، زاد ترتيل مزامير داود في الكنائس لشفاء كافة الأمراض النفسية والعصبية ومعظم الأمراض البدنية، واشتهر خلال القرن الثالث الميلادي في مصر القديس «أبو طربو» والذي كان يرتل المزامير وأجزاء كثيرة من الكتاب المقدس مستعينًا بالموسيقى، وذلك بجوار

المرضى بالصرع، فيتم شفاؤهم، ولذلك سميت هذه الصلاة باسم «أبو طربو»، وعرفت طريقة ترتيل المزامير للمرضى داخل الكنائس والأديرة باسم «العلاج المقدس». كذلك انتشرت زيارة المرضى لبعض الكنائس والأديرة في مواقيت محددة سنوية فيما عرف باسم «الموالد القبطية» حيث كان يتم خلالها الصلاة والترتيل بمصاحبة الموسيقى لشفاء المرضى، كما أن زيارة الموالد الخاصة بالأولياء المسلمين الصالحين والاندماج بالتمايل في حلقات الذِّكُر تشفي العديد من الأمراض النفسية والعضوية المستعصية.

وفي العصر الحديث، أجريت في الكثير من مراكز البحوث في دول العالم، تجارب عديدة لبيان تأثير الموسيقى في علاج بعض الأمراض، فاستخدمت الموسيقى الهادئة لعلاج بعض الأمراض العصبية مثل الهستيريا والتهيج، كما خفضت ضغط الدم العالي، وحسنت أداء القلب خاصة في حالة الإصابة بالذبحة الصدرية، وكذلك ساعدت على جلب النعاس والنوم لمرضى الأرق في حين استخدمت الموسيقى السريعة والصاخبة لعلاج ضغط الدم المنخفض والاكتئاب النفسي.

ويعزى أحد أسباب الإقبال على ارتياد الكنائس إلى استخدامها للموسيقى الدينية عزفًا على آلة الأرغن، حيث تعمل الأنغام الصادرة عنها على جعل المستمعين مستغرقين في شبه غيبوبة روحية يزول بعدها الإرهاق عنهم ويحل النشاط في أجسادهم ونفسيتهم.

وقد أجرى العلماء بعض التجارب على النباتات، فوجدوا أن بعض الموسيقى التي تعزف بجوارها تعين على الإسراع بنموها،

كما لوحظ أن بعض الأسماك تستجيب للموسيقى بشكل مذهل حيث يدور كل اثنين في توافق مدهش حول جهاز راديو تحت الماء يذيع لحن «الفالس».

فالمهم في الأغاني هو الموسيقى والنغمة التي تساعد على شفاء المرضى، فكما لكل شعب لغته وكيفية نطقها، فإن لكل مريض نغمة معينة يمكن شفاؤه بها، فالموسيقى الشرقية القديمة تعطي بعض المرضى راحة عقلية وبهجة داخلية.. ويمكن لبعض الألحان البسيطة أن تدخل البهجة لبعض حالات التخلف العقلي عند الأطفال والخوف من الغرباء، حيث تؤثر في سلوك العقل، وتلين من تصلب عضلات الساقين والذراعين وتصحيح النطق بما تسببه من استرخاء في العضلات.

ولا ننسى قول الإمام الغزالي: «من لم يهزه العود وأوتاره، والربيع وأزهاره، والروض وأطياره، فهو مريض المزاج يحتاج إلى علاج».

١١
التغلب على تعاسة المشاكل الجنسية
من خلال الموسيقى

يستخدم العلاج عن طريق الموسيقى في فروع عديدة من الطب ليس في زماننا فحسب بل منذ العصور الفرعونية القديمة على نحو ما كانت تستخدم في معبد النوم بسقارة أيام «أمنحتب»، وكذا في مدارس «دلفي» وجزيرة «كوس» في اليونان حيث لجأوا إلى استعمال الموسيقى المهدئة للألم. وقديمًا وصف الفيلسوف «كاسبودوروس» الموسيقى بأنها «ملكة الحواس» وضرب مثلًا لسحرها في علاج الأمراض باستخدام النبي داود لها في طرد قوى الشر من جسد شاؤول. ومن رواد استعمال الموسيقى في الطب النفسي المعاصر «لانج لودك» الألماني، و«جوست» في فرنسا، كما تستخدم الآن في عيادات العظام والروماتيزم وطب نفس الشيخوخة والأطفال كإحدى الوسائل المهمة في العلاج، بل تستعمل الآن قبل وأثناء العمليات الجراحية وبعدها حيث ثبت أنها تنظم دورة التنفس والدورة الدموية

ومجرى الدم في المخ. إن قدرة الموسيقى على تخفيف القلق وفك قيود الإحباط أمر بات معروفًا في العلاجات التقليدية والشعبية سواء الرقصات العنيفة أو الأفريقية بل والزار في مصر. وفي حالة تدريبات الباليه الحديثة تؤثر الموسيقى في السلوك القهري غير المرن، كما تخفف من جمود الشخصية.

ويعتمد المدخل الموسيقي في علاج المشاكل الجنسية على الأساس الأنتروبولوجي في أفريقيا والباسفيك، فهم يرقصون ويغنون للمبادرة في الإخصاب، وكذلك تدق الموسيقى في تصاعد للتنبيه السيكوفسيولوجي لحد النشوة.

وللأسف كل الدراسات في تأثير الموسيقى على الحالة النفسية والجنسية هي دراسات أجنبية تعتمد على الموسيقى الكلاسيكية الأجنبية. وأهيب بالباحثين أن يبدأوا في دراسات تعتمد على الموسيقى الشرقية!

وإذا تأملنا مقطوعة «بوليرو» للموسيقار «رافيل» نلمس على التوالي الثبات والتكرار والتصاعد والتخافت وكأنه يدق على ناقوس الجنس.

وإذا عددنا الميلودية[1] وسيلة من وسائل التنبيه الجسدي والنفسي والتغلب على الأفكار القهرية التي تتسلط على الفرد أثناء ممارسة الجنس باعتبارها تؤدي إلى الاسترخاء والبعد عن التوتر وتآزر النفس

---

(١) الميلودية أو اللحن هو الخط اللحني أو نغم العزف أو الغناء سواء أكان وحده أم مصحوبًا بأنغام هارمونية، وعناصر الموسيقى الثلاثة هي اللحن والإيقاع والهارمونية.

فلكل فرد بطبيعة الحال الميلودية التي تتفق مع ميوله واستعداده ومزاجه.

والعامل الأساسي الذي يسبب الفشل الجنسي هو الخوف من الفشل في ممارسته، ولعل مداومة التأمل الذاتي هي المظلة التي تحول دون أي اتصال مع الطرف الآخر، ذلك أن الجانب العاطفي في العلاقة المتبادلة هو الأساس الذي يقوم عليه إشباع الرغبات العامة، فإذا فشل الفرد في إثارة الجانب العاطفي وأصبح تركيزه موجهًا إلى الضغط على الأعضاء التناسلية، أصيب المرء بفراغ نفسي مدمر، وهنا يمكن أن تؤدي الموسيقى دورًا إيجابيًا في العلاج السلوكي لملء هذا الفراغ بشرط أن تكون مناسبة حيث إنها وسيلة الاتصال الوحيدة بعد توقف الاتصال اللفظي والجنسي بين الطرفين.

والإنسان بطبعه حساس للموسيقى، فهي قادرة على الارتفاع بمزاجه أو الهبوط به، تهدئ أو تثير. ولقد حاول الباحث «جرافيل» عمل قائمة بالمقطوعات الموسيقية التي تلائم كل شخصية من حيث مستوى التعليم والمشاكل الخاصة التي تواجه المرء من الناحية الجنسية.

ولا يهم إن كان الطرفان في الموسيقى الكلاسيك أو الجاز، أو الأوبرا أو موسيقى الروك. فإذا ادعى أحدهما أنه لا يستوعب هذه الموسيقى أو تلك، فثمة وسيلة لإرضائه بموسيقى تثيره وتريحه، وتدعوه للاسترخاء، مثل تنويعات الجاز لموسيقى «باخ» و«موزارت».

ومن هنا يقتضي الأمر قبول الطرفين للموسيقى ولتأثير ميلوديتها في الوقت المناسب على الأساس التالي:

الهدوء ـ الجدية ـ السهولة ـ الرقة ـ التخيل ـ الأفكار الشبقية ـ الدعة ـ الإثارة ـ الذبذبة ـ العدوان ـ النشوة ـ الإرهاق ـ ويمكن في هذا المجال استخدام مقطوعات التصدير الموسيقي «بريلود» لـ«باخ» أو «رافيل»، أو موسيقى «بنك فلويد» و«جلبرت بيكود» و«لويس آرمسترونج» و«جورج براستر»، وكذلك موسيقى «تريستان» و«إيزولدا» لـ«فاجنر» أو «فينوسبرج» في أوبراه «تانهوزر».

والغرض الأساسي من الموسيقى أثناء الجماع هو تجنب معاناة طلبات العملية التكنيكية من ناحية الرجل، والتي تشتت انتباهه وتبعده عن العوامل الانفعالية، وتجعله جامدًا صلبًا في إصراره وتحول دون الخوف من الفشل ونفس الموقف مع المرأة، فالهدف هو إنجاز لون من التوافق الثنائي يتجاوز العملية الجنسية فضلًا عن حوار خالٍ من الألفاظ يدور بين المهجتين يتولى قيادتهما الاستماع للموسيقى، الأمر الذي يساعد الطرفين اللذين يجدان صعوبة في التفاهم اللفظي والتعبير عن عواطفهما من خلال الكلمة، وللحيلولة دون سرعة القذف يستحسن استعمال موسيقى تتميز بسرعة الإيقاع أو التي تنطوي على أصوات غير متوقعة.

وإذا وجدنا صعوبة في اللقاء الجنسي أثناء الاستماع للموسيقى فيحتمل أن يكون أحد الطرفين قد استخدم لفظًا غير متوافق، أعني هادمًا للهارمونية[1] لإسقاط أخطاء على الطرف الآخر أو للانتقام منه. وفي حالة المرأة التي بلغت نشوتها وتخشى ألا تبلغها ثانية

____

(١) الهارمونية هي تآلف الأصوات رأسيًا بحيث تسمع كلها في طرقة واحدة.

يتغلب القلق على اللذة، غير أنه يمكن إعادة انفعالها بالاستماع إلى موسيقى تعينها على الحصول على الكفاية العاطفية.

ويبدأ العلاج بمناقشة الاضطراب الجنسي «العنة، سرعة القذف، التقلص المهبلي» فيختار الطبيب الموسيقى المناسبة لكل من هذه الأنواع وفق درجة استجابة الفرد لها أو كيفية استعمالها والسلوك المطلوب منهما ثم يأتيان للمعالج لمناقشة ما حدث. حيث يتم توجيههما بالطريقة السليمة. وبالطبع يتوقف النجاح على استجابة الطرفين ومدى رغبتهما في العلاج وثقتهما في المعالج. وبالاستماع إلى الطرفين سيتحدد إذا كان يمكن الوصول إلى الاسترخاء بالموسيقى فقط أو سيحتاجان لمكبرات توضع في الحجرة أو توصل للحجرة من الخارج. وإذا فشل العلاج فلا مانع من استعمال إضافات نفسية أو سلوكية أو دوائية مع الاستمرار في الموسيقى كعنصر أساسي في مواصلة العلاج.

وتؤثر الموسيقى على اللقاء الجنسي على مستويين:

١ ـ من الناحية الانفعالية: فهي تعيد الاستجابة والتنبه المضطربين من جراء الخوف من الفشل أو التأمل الذاتي العميق، أو على الأقل تملأ فراغ الاتصال الفكري واللفظي.

٢ ـ من الناحية الفسيولوجية: تساعد الموسيقى على التحكم في الاستجابات الجسدية وتجعل إطفاء الارتباطات الشرطية المرضية ناجحة مع بناء ارتباطات سلوكية صحية، ولنجاح العلاج بالموسيقى ينبغي أن يجمع عامل الحب بين الطرفين وكذا الرغبة في الاستمرار والتغلب على المشاكل الموجودة.

ومن هنا يمكن علاج الاضطرابات الجنسية إذا توفرت الثقة وتوزعت المسؤولية بين الطرفين، وحسن الإرشاد من قِبل المعالج من حيث اختيار الموسيقى ومواءمتها لنفسية المريض وتجربته الجنسية وتعريف الزوج أو الزوجة بالطرق السوية الإجرائية أثناء الاستماع إلى الموسيقى المختارة وفق مزاج كل فرد وميوله:

ـ الإيقاع[1] السريع الموسيقى الذي يضاعف درجة التوتر.

ـ الموسيقى الرومانسية البطيئة التي تهبط بدرجة التوتر.

ـ مقطوعات موسيقية تثير الذكريات والمشاعر الإيجابية.

ـ النغم وليس الأغنية في المساء.

وللأسف لم أورد هنا أمثلة من الموسيقى العربية لأنني لم أجد حسب تذوقي الخاص ما يفيد في مثل هذه الحالات، ولكنني أترك الباب مفتوحًا لمن هم أقدر مني في إيجاد الموسيقى العربية التي تواكب هذه الظواهر.

موسيقى الاسترخاء

فاجنر: نجم المساء.

زامفير: الفلوت الرومانسي.

ديبوسي: ضوء القمر («كلير دي لون»).

رافل: مرثية للأميرة المتوفاة.

بروخ: الفانتازيا الإسكتلندية.

فيفالدي: كونشيرتو «الأوبوا».

---

(1) الإيقاع في الموسيقى هو تقسيم الزمن بنقرات تتوالى فتحدد شكل النغم.

موسيقى لاعتدال المزاج

ديليب: كوبليا.

بيتهوفن: كونشيرتو البيانو الخامس.

دفورجاك: السيمفونية الثامنة، الرقصات السلافية.

موتسارت: سيمفونية ٣٥.

هاندل: موسيقى المياه.

مندلسون: السيمفونية الرابعة.

هاندل: كورس المسيح وإسرائيل في مصر.

موسيقى لإزالة التوتر

بيتهوفن: السيمفونية السادسة.

موتسارت: كونشيرتو للفلوت والهارب.

فيفالدي: المواسم الأربعة.

جريج: سويت هولبرج.

موسيقى للنوم

شوبرت: سلام لك يا مريم («أفي ماريا»).

ماسانيه: مقطوعة التأمل من أوبرا «تاييس».

برامز: أغنية المهد («لولاباي»).

شومان: الأحلام.

روت: أنت المحيط.

موسيقى النقاء والوضوح

هاندل: موسيقى المياه.

فيبر: افتتاحية «أوبيرون».

باخ: كونشيرتو «براندنبرج».

فيفالدي

ألبينوني

كوريللي: موسيقى الباروك للوتريات.

توريللي

تليمان

وكما قال أفلاطون:

ـ إن الموسيقى هي قانون أخلاقي، يعطي الروح للكون، أجنحة للعقل، تحليقًا للخيال، السحر والابتهاج لكل شيء في الحياة.

ـ إن الموسيقى هي حركة سليمة للوصول إلى الروح لتعليم الفضيلة.

وأيضًا كما قال «فريدريش شيلر»: «إن الفن ابن الحرية».

١٢

الصحة النفسية وسلاسل الفكر القمعي

قام عالم سلوك الحيوان «ديزموند موريس» بشرح سلوك الحيوان في حديقة الحيوان مقارنة بسلوكه في الغابة، عندما تحرمه من الحرية وتضعه في قضبان من الحديد وتأسره في قفص كتسلية للمترددين على حديقة الحيوان، حينئذ يتغير سلوكه كليًّا ليصبح عدوانيًّا، عاجزًا، يائسًا بل يهجم أحيانًا على من يطعمه وهذا يناقض تمامًا سلوكه في الغابة حيث يتميز بالشجاعة ولا يهاجم فريسة إلا إذا كان جائعًا ويتمتع بوجوده في جماعته ويتوحد معهم.

كما أوضح أيضًا «ديزموند» في كتابه أن الحيوانات تميل إلى العدوانية إذا زاد تكدسها في مكان واحد وفقدت مساحاتها الشاسعة، وإذا قمنا بتطبيق هذا على المجتمعات البشرية التي تعاني من التكدس السكاني في مساحات ضئيلة من الأرض لوجدنا أنهم يفتقرون إلى الإحساس بالحرية والتمتع بالخصوصية ويعتبر هذا من العوامل الهامة لظهور العدوانية والأنانية، فيتحول الإنسان الذي يُوصف بالطيب

إلى طاغية، وقاسٍ، وقد يحدث ذلك تحت ضغط أخلاق وسلوك الجماعة مثل العنف الذي يحدث نتيجة الازدحام في الاعتصامات والمظاهرات وفي الأماكن العشوائية.

ويذكرني ذلك بالتجربة التي قامت بها جامعة «ستانفورد» لدراسة ردود أفعال الناس العاديين في وضع كوضع نزلاء وحراس السجون، وذلك بتصميم بحث يتضمن وضع مجموعة من المتطوعين في ظروف محاكية لظروف السجون، بعضهم يقوم بدور السجناء، وبعضهم يقوم بدور الحراس، وذلك من أجل خلق ردود أفعال نفسية متباينة من نوع: مشاعر القوة والعجز، والسيطرة والاضطهاد، والإشباع والإحباط، والحكم الاستبدادي ومقاومة السلطة. وأثبتت التجربة أن حرمان الفرد وتجريده من كل حقوقه الإنسانية بعزله في زنزانة مغلقة تجعله عرضة للتغير في السلوك مع الشعور بالعجز واليأس والانهيار النفسي. كما أظهرت أيضًا أن السجان أو الحارس حين مُنح القوة المطلقة، بدأ في إصدار الأوامر وتعذيب السجناء مما جعله يتعلق بالتجربة ويصر على الاستمرار فيها. ومن هنا نستخلص أن من يمارس السلطة المطلقة دون مساءلة أو ردع تتغير شخصيته ويصبح توحده مع هذه السلطة المطلقة هو بمثابة شهوة قوية تجعله لا يستطيع العودة إلى طبيعته الأولى، ولذا شددت كل دساتير العالم على ضرورة احترام حرية الفرد وتبادل السلطة حتى تنهض الأمم ويشعر مواطنوها بالكرامة والعزة حيث يوجد الكثير من شعوب العالم مغلوبة على أمرها تعيش متغلغلة في سجن كبير يعاني فيه المسجون من ويلات القهر بينما يتمتع فيه السجان بسلطته المطلقة.

ها هي سلطة تجريبية، وأشخاص خالون من الانحراف النفسي، ومع ذلك نشأت لديهم «متعة» خبيثة من ممارسة السلطة والتسلط على مقهورين خانعين، أليست هذه صورة صارخة لنفوذ السلطة على النفوس الإنسانية، وفضحًا لشيء من آلية تحوُّل الكائن الإنساني إلى وحش أعمى يعربد استمتاعًا بالسلطة والتسلط.

وإذا طبقنا هذه المقالة على الوضع السابق في مصر فسنجد أن محاولة قولبة الغالبية بفكر خاص أو عقيدة دينية لا تتبع النص ولكنها تتبع محاولات بشرية للتفسير، كان لها تأثير ضار على الصحة النفسية مما أدى إلى الاستهانة بالقانون والقضاء والأمن ومحاولة قهر الفرد وإجباره على الخنوع مما أدى إلى العنف، إن الاتجاه إلى فلسفة الرأي الواحد في الفاشية والنازية أدى إلى انهيار الأمم.

ونستطيع أيضًا أن نستنبط من التجربة السابقة أن التواجد في زنزانة السجن أو المعتقل لمدد طويلة قد يخلق في بعض الشخصيات القدرة على التسامح، المثابرة، الصمود، التعاطف، والرحمة مثل شخصية سيدنا يوسف، «مانديلا» و«غاندي».

وفي شخصيات أخرى قد يؤدي إلى الرغبة في الانتقام، الكراهية، والحقد، بل قد يذهب لأبعد من ذلك ليصل إلى مشاعر لاشعورية في إيقاع هذا العنف على المجتمع كله. وهذا هو بحق الخطر الأكبر على أي أمة!

إن التسامح، والحب، والأخلاق هي بمثابة حجر الارتكاز لنهوض أي أمة، أما الشماتة والانتقام والحقد فتؤدي إلى انهيار رأس المال الاجتماعي (أي الحميمية وحب الآخر) وفقد روح

ملحمة المواطنة التي حدثت خلال الثمانية عشر يومًا الأوائل لثورة ٢٥ يناير ٢٠١١.

إن التوحد مع المعتدي، واتباع المقهور لسلوك القاهر هي عملية لاشعورية يتبعها من تعرض للظلم والتعذيب، ومن الأمثلة توحد إسرائيل مع النازي في معاملتهم للفلسطينيين، بل إن بعض من هم في فتح أو حماس وتعرضوا للتعذيب والاعتقال يسلكون سلوك الإسرائيليين في معاملتهم بعضهم البعض.

إنه من الواجب على الطبيب النفسي الذي يشعر بفداحة تدهور الصحة النفسية للمواطن المصري أن يحذر من مأساة ما ينتج عن التغير في الشخصية من جراء السجن أو من جراء الإصرار على الإذعان لفكر واحد والتوحد مع من اعتدى عليهم.

دعونا نتشاور، نتسامح، ونتحاور من أجل مصلحة وطننا مصر وليس من أجل مصلحة جماعة، أو تيار، أو حزب.

لنجعل مصلحة الوطن فوق الجميع.

١٣

حول سعي الدولة لسعادة المواطن

ما هو دور الحكومة ودور الفرد؟

يرتبط كونك سعيدًا، ليس فقط مع صحة أفضل، وزيادة أرباح وحياة أطول، ولكن أيضًا مع تنشئة أسرية ووضع مالي مستقر، عمالة، صحة جيدة، حرية، وقِيَم شخصية. ويستطيع الأطباء النفسيون زيادة السعادة لدى مرضاهم من خلال تعزيز الفاعلية والرعاية الصحية المبنية على الأدلة النفسية. يجوز للأفراد تعزيز السعادة الخاصة بهم عن طريق تحسين الصحة البدنية والنفسية؛ وإدراك أهمية القِيَم الشخصية والمجتمعات السعيدة، وتحسين وضعهم المالي. يجوز للحكومة زيادة سعادة المواطنين من خلال تعميق الديمقراطية، وتوفير الرعاية الصحية الفعالة القائمة على الأدلة التي تؤيد بناء مبادرات الرفاه في المجتمعات المحلية، ومن ثَمَّ ترك المواطنين يبحثون عن السعادة الشخصية بطريقتهم الخاصة.

وغالبًا يقدر الناس السعادة أكثر من امتلاك المادة وترتبط الصحة

٩٩

بشكل كبير بكونك سعيدًا، مع زيادة الدخل، وطول العمر. كان الناتج القومي للسعادة عنصرًا أساسيًا في التخطيط الاقتصادي للبلاد منذ ١٩٧٠ في مملكة البوتان بجبال الهمالايا. إن السعي وراء السعادة عامل مهم. ففي يونيو ١٧٧٦، كان ملخص إعلان «فرجينيا» للحقوق يشمل: «التمتع بالحياة والحرية، مع إمكانية الحصول وحيازة الممتلكات، والسعي والحصول على السعادة والسلامة». وفي الشهر التالي، أعلنت الولايات المتحدة في إعلان الاستقلال: «نحن نعتبر هذه الحقائق بديهية، بأن كل الناس خلقوا على قدم المساواة، وأنهم وهبوا من خالقهم بعض الحقوق الأساسية، ومن هذه الحقوق الحياة والحرية والسعي وراء السعادة».

دراسات عن السعادة والعوامل ذات الصلة

أظهرت دراسة منهجية للعوامل الاجتماعية والنفسية المرتبطة بتحقيق السعادة الفردية في العقود الأخيرة، أن السعادة تتلازم مع مجموعة من الظروف الخاصة، بما في ذلك التنشئة الأسرية المستقرة، وأن يعمل، ويكون حسن الصحة البدنية والعقلية، مع الحرية الشخصية والقِيَم الشخصية، بما في ذلك المعتقد الديني. إن السعادة ترتبط بالدخل بطريقة أكثر أو أقل إحصائيًا. إن العلاقة بين السعادة والعمر معقدة، تشير بعض الأدلة إلى كونها تشكل حرف «U»، أي أن انخفاض السعادة يكون في الاقتراب من منتصف العمر ولكنها تتزايد مع التقدم في العمر. وتحدد بعض الأبحاث ذروة السعادة في سن الـ٦٥، وهناك أدلة كثيرة

تشير إلى أن التغيرات في السعادة من خلال دورة الحياة تتصل بالتغير في التفضيلات والظروف أكثر من التغير في العمر ذاته. ومن الواضح، أن السعادة الفردية ترتبط ارتباطًا وثيقًا بسعادة الآخرين: فقد أظهرت دراسة تتابعية أن الأفراد الذين يحاطون بواسطة أشخاص سعداء أو تواجدوا في وسط مجتمعي سعيد من المرجح أن يصبحوا سعداء في المستقبل. وأخيرًا، ترتبط السعادة مع الوراثة الجينية، وعلى الرغم من كون هذه الروابط على حد سواء كبيرة وقوية، فهي حتى الآن غير مفهومة.

الصعوبات في تحديد السعادة

إحدى الصعوبات المنهجية التي تتكرر في دراسات السعادة هي تعريف السعادة، والأساليب المستخدمة لقياس ذلك. وتميل البحوث الحديثة إلى تصور السعادة على كونها متعة الرفاه أو جودة الحياة (التي تشير إلى السرور والفرح) في مقابل الرفاه (الذي يشير إلى الارتياح والوفاء). وهناك حاجة إلى التوازن كمحك للسعادة التي تستند فقط على «الشعور الجيد» أو في عبارة مختصرة تكون المناهج النفسية متسقة مع الرضا عن الحياة على المدى الطويل. وعلى هذه الخلفية، فإن هناك اهتمامًا متزايدًا في السبل التي يمكن بها أن تزيد من السعادة البشرية وبشكل أكثر تحديدًا، في السبل التي يمكن للحكومات أن تتدخل بها من أجل زيادة السعادة بين مواطنيها، وقد حان الوقت لتقييم مدى الأدلة التي تدعم التدخلات والتي تهدف إلى زيادة السعادة، وبوجه خاص، دور كل من العاملين في

مجال الصحة النفسية، والمواطنين الأفراد والحكومات في السياسة الجديدة للسعادة.

دور المتخصصين في مجال الصحة النفسية في تعزيز السعادة

الأطباء النفسيون وغيرهم من المتخصصين في مجال الصحة النفسية على اتصال يومي مع الأشخاص الذين هم غير راضين كنتيجة لمرض نفسي أو لمختلف أشكال المعاناة النفسية. وعلى هذا الأساس، فإن إحدى المساهمات الرئيسية للأطباء النفسيين يمكن أن تكون زيادة السعادة البشرية من خلال العلاج الفعال للمرض النفسي. وقد ينطوي هذا على التقديم المباشر للرعاية، والإشراف على معالجة المجموعات، والعمل مع المديرين لتحسين الخدمات، أو الدعوة إلى رعاية صحية نفسية يمكن الوصول إليها، وتكون مقبولة لدى الأفراد فيما يتعلق بالاكتئاب والقلق، فقد شهدت السنوات الأخيرة زيادة التركيز على دور العلاج النفسي في الحد من الأعراض، وزيادة العافية ومساعدة الناس على العودة إلى العمل.

دور الفرد

وقد تم تحديد العديد من عوامل السعادة المرتبطة مؤخرًا وليست قابلة للتغيير الهادف على المستوى الفردي، وهذه تشمل الوراثة الجينية وتنشئة الشخص لنفسه. وهناك عوامل مرتبطة أخرى للسعادة الفردية تبدو أكثر استعدادًا للتغيير وهي: وجود الوعي بالدور المتميز

للصحة البدنية والنفسية، وعلى سبيل المثال، التغييرات في نمط الحياة والنظرة المستقبلية المتفائلة، والوعي بأهمية المجتمعات السعيدة في مساعدة الفرد على تحسين الظروف الاجتماعية التي ستطور من سعادتهم المستقبلية. ويمكن للأفراد أن يستفيدوا من وجود وعي بأهمية القِيَم الشخصية حيث يؤدي إلى تغييرات مفيدة نفسية أو سلوكية. وعندما يتحلى الشخص بهذه التغييرات يمكنه تجنب المعاناة، ومواجهتها بطريقة إيجابية وليس مجرد السعي للمتعة (والتي قد تكون شكلًا من أشكال الهروب وخلق مشاكل طويلة الأجل).

السعادة والدخل

زيادة السعادة الفردية من خلال معالجة الأوضاع المالية هي مسألة أكثر تعقيدًا. على الرغم من أن هناك أدلة قوية تربط السعادة بزيادة الدخل (على الأقل إلى حد معين). ويبدو أن الدخل النسبي قد يكون أكثر أهمية. على المستوى الفردي، فإنه لَمِن المعقول أن ننصح بعدم مقارنة الفرد لدخله بالآخرين، بهدف السعادة. ومع ذلك، هناك اتجاه بشري قوي لمقارنة الشخص بالآخرين (من حيث الجاذبية، الثروة، والقدرة) وهذا قد يعكس استراتيجية التطور السليم، والتي توضح لكل شخص أين يقف في علاقته بالآخرين قبل الانخراط معهم مع ضرورة التواضع في التوقعات. وعلى الرغم من تزايد الاهتمام الحكومي بالسعادة الفردية في البلاد المتقدمة، وتقديم الدعم القوي بواسطة طريقتين تستطيع الحكومات من خلالهما

زيادة السعادة ألا وهما: تعميق الديمقراطية، وتوفير الرعاية الصحية الجسدية والنفسية الفعالة.

وترتبط الديمقراطية بقوة بالسعادة. فهناك علاقة كبيرة بين الحقوق الفردية في التصويت والاستفتاء والرضا عن الحياة، وأثبتت الأبحاث أن كلًّا من الديمقراطية وحرية الاختيار هي منبئات مستقلة ومعبرة عن السعادة على مر الزمن. كما أفادت بأنه يوجد ارتباط مهم بين السعادة والحرية الثقافية، فكلما كان المجتمع ينهل من الثقافة العلمية، والأدبية، والجمالية في حرية متفتحة وليس عن طريق القمع والإلزام، زادت سعادة الفرد. كذلك فهناك أدلة قوية لدعم فكرة أن تعميق وتعزيز الديمقراطية قد يزيد من السعادة. ويمكن للأفراد أيضًا أن يلعبوا دورًا في هذه العملية بأن يصبحوا هم أنفسهم نشطاء سياسيين. فالنشاط الفردي من شأنه أن يسهم في تعزيز التمثيل السياسي والحكم الديمقراطي بشكل أكثر فاعلية، ومن المحتمل أن يخلق ذلك حلقة طيبة من النشاط الفردي، وتحقيق الديمقراطية، وزيادة المساواة، مما يزيد في وقت لاحق السعادة.

إن الفقر في الصحة البدنية يرتبط بقوة بالتعاسة وزيادة في مستوى المرض. إن الفقر في الصحة النفسية يرتبط على حد سواء مع عدم الرضا، فضلًا عن مجموعة من الأعراض المحزنة النفسية الأخرى. وتشير هذه النتائج إلى أن الرعاية الصحية الفعالة يمكن أن تلعب دورًا هامًّا في زيادة السعادة الفردية. لأن الحكومة تلعب دورًا رئيسيًّا في تمويل وتقديم الرعاية الصحية في العديد من البلدان، وتوفير

الرعاية الصحية الفعالة هو الطريقة المثلى التي تتدخل الحكومة بها لزيادة السعادة.

افعل ما تستطيع. ثم توقف

وتشير بحوث السعادة لعدة استراتيجيات قد تزيد من السعادة:

ـ يجب على الأطباء النفسيين وغيرهم من العاملين في مجال الصحة النفسية زيادة السعادة من خلال تقديم وتعزيز فاعلية الرعاية الصحية المبنية على الأدلة النفسية، والتي تم اختيارها من قِبل المريض.

ـ ويمكن للأفراد زيادة سعادتهم عن طريق تحسين الصحة البدنية والنفسية؛ إدراك أهمية القِيَم الشخصية والمجتمعات السعيدة، وتحسين وضعهم المالي، مع إدراك أن زيادة الدخل لا تزيد من السعادة بلا حدود، وأن في المقارنة مع الآخرين احتمالية تقليل السعادة.

ـ يجوز للحكومة زيادة السعادة من خلال تعميق الديمقراطية وتوفير الرعاية الصحية الجسدية والنفسية الفعالة.

قد يكون لبعض الأفراد أن يختاروا عدم السعي إلى السعادة بطريقة واضحة، ويفضلوا ببساطة الدخول في أنشطة متنوعة مثل تعميق المهارات، تطوير الاهتمامات العاطفية، السعي وراء الهوايات، بناء حياة مهنية، الالتزام بالدين، الانخراط في التعليم، تأليف القصائد، الإعجاب بالزهور، الجلوس بهدوء واكتشاف العلاقات. ولكن يمكن، في كلام ينسب عادة إلى الكاتب الأمريكي «هنري ديفيد

ثورو»، فتح الباب لمزيد من السعادة: إن «السعادة مثل فراشة: كلما قمت بمطاردتها، راوغتك أكثر، ولكن إذا قمت بتحويل انتباهك إلى أمور أخرى فسوف تأتي وتجلس بهدوء على كتفك». وهناك أيضًا مسألة الطبيعة البشرية التي يجب أن تؤخذ في الاعتبار، بغض النظر عن العوامل الاجتماعية مثل الحكم الديمقراطي والمساواة في الدخل، وسلوك الناس المتمركز حول الذات وعدم القدرة على تجاوزها، والتي في بعض المناسبات، تبدو أنانية، معيبة وغير منطقية للآخرين.

وأخيرًا لا ننسى قول الشاعر الصيني «لاوتسو»: «اعمل من أجل فائدة الناس؛ ثق بهم ثم اتركهم وشأنهم!».

١٤
الصحة النفسية بين العولمة والعالمية
أخلاقيات الطب النفسي

هذا العالم المعولم يواجهنا بتحدٍّ أساسي: أن يصاحَب
التقدم المالي والتقني الذي يسعى إلى التقريب بين
أنحاء العالم بتقدم مساوٍ له في الوعي البشري.

«أوسكار أرياس»

حائز على جائزة نوبل

الرئيس السابق لكوستاريكا

لقد أصبحنا نعيش في عالم يتميز بسرعة الوتيرة والتغيير، بل إن
التغيير يكاد يحدث بسرعة لا تسمح لنا بمتابعة كل تفاصيل ذلك
التغيير.. فانتشار «المدنية» والتنمية الاقتصادية السريعة والانهيار
الضخم للموارد البيئية المتاحة، كلها عوامل تفرض على بلايين من
البشر مستقبلًا لم يتمكنوا من التدريب على كيفية مواجهته.. التغيير
في حد ذاته ليس أمرًا سيئًا، بل إن السعي إلى التغيير لما هو أفضل
كان ولا يزال، وفي الأغلب سيبقى، هو الدافع الأقوى لاستمرار

البشرية وتقدمها ولتغيير السلوك البشري ليصبح أكثر إنسانية وتعاضدًا وتسامحًا وقبولًا للآخر.

حين اخترع الصينيون الورق كان ذلك لمصلحة العالم كله وليس الصين فقط.. كذلك فإن اختراع الفراعنة للكتابة كان هدية للبشرية جمعاء، كما استفاد العالم كله من اكتشاف العراقيين للزراعة.. لكن هذه العالمية في الانتفاع التي اتصفت بها الحضارات الأولى لا تنطبق على عولمة القرن العشرين.

لقد وفرت العولمة التقنيات التي تسمح بتجاوز المسافات وتبادل المعلومات في جزء من الثانية.. هذا صحيح.. لكننا لا يمكن أن نتغاضى عن واقع كون مركز ذلك التقدم التقني ـ ولا يزال ـ مُركَّزًا في أجزاء بعينها من العالم، تسيطر على تلك المعرفة بل وفي أحيان كثيرة تحدد اتجاه تطورها.. كذلك لا يمكن لنا أن نغفل حقيقة أن ذلك التقدم سريع الوتيرة لم يؤد في كثير من الأحوال إلى توحيد العالم حول قِيَم واحدة وتعريف واحد للإنسانية وإنما أدى إلى عزلة الأطراف غير المتقدمة ومزيد من إفقارها.

لقد وعدتنا العولمة بعالم موحد، بقرية عالمية، تذوب فيها الحدود والفوارق بين البشر. لكن ما حققته فعليًا هو توحيد للسوق العالمية.. توحيد للاقتصاد.. توحيد للعملة في بعض الأماكن.. لكن انعدام المساواة في المعرفة والموارد قد أدى إلى نتيجة معاكسة تمامًا لما وعدت به العولمة.. أطراف محرومة من الموارد ومن إمكانيات الدخول في سباق العولمة... محرومة من إنتاج المعرفة... بل وتكاد تكون محرومة من الوجود... وفي رد فعل دفاعي مفهوم لجأت تلك الأطراف

إلى التمسك بما يخصها من عادات وتقاليد ومعارف تقليدية.. بل إن بعضًا منها قد وقف موقف المواجهة مع تلك العولمة التي فشلت في أن تصبح عولمة إنسانية واكتفت بالمجال الاقتصادي والعسكري.

كنتيجة لذلك اتسعت الفجوة بين المجتمعات التي تتمتع بالمعرفة التكنولوجية والقدرة على التحكم في الأحداث وبين مجتمعات أخرى لا تزال تعاني التأخر والحروب والجهل والإحباط والشعور باليأس من إنجاز التقدم وتحقيق الذات.

فالعولمة التي نعرفها اليوم هي عالم يهيمن عليه تحالف القوى العظمى والمؤسسات المالية الضخمة وقواعد السوق.. وقد أنتج لنا هذا التحالف، إلى جانب الإنترنت والمحمول والفضائيات.. أنتج تفكيكًا في التجمعات البشرية، كما أنتج العنصرية والتمسك بالعِرق والأصل وإحياء الهوية الأصولية، وكلها أمور تكاد أن تكون مضادة لما كان مستهدفًا من عولمة العالم.

هذه القرية العالمية التي تدَّعي العولمة، إنتاجها ليس «عالميًّا» كما يدَّعون. دعونا نتخيل أن العالم مكون من ١٠٠ إنسان: سوف نجد أن ٥٨ منهم آسيويون، و٢٤ أوروبيون، و١٠ أفارقة، و٨ أمريكان.. سوف نجد أن ٥٣ منهم من الرجال و٤٧ من النساء.. سوف نجد أن ٣٠ منهم من البيض و٧٠ من غير البيض، سوف نجد أن ٣٠ منهم من المسيحيين و٧٠ من غير المسيحيين.. في هذا العالم «المعولم» المكون من ١٠٠ إنسان يملك ٦ أشخاص ٥٩٪ من الموارد، جميعهم من أمريكا الشمالية، على حين يعيش ٨٠ منهم تحت خط الفقر، ٧٠

منهم أميون، ٥٠ معرضون للموت جوعًا.. واحد منهم فقط حاصل على تعليم عالٍ، وواحد فقط يملك جهاز كمبيوتر. من الواضح إذن أن توزيع السلطة والموارد لا يتناسب مع نمط الأقلية والأغلبية في هذا العالم.. أي أن هذه العولمة المزعومة فشلت في تمثيل العالم ديمقراطيًا كما تدَّعي.

في هذا العالم المعولم سوف نجد أن ثروة أغنى ثلاثة أفراد في العالم تفوق كل الناتج القومي لـ٤٨ دولة، وأن ١,٣ مليار نسمة يعيشون على أقل من دولار واحد في اليوم، كما أن ١,٥ مليار من سكان العالم لا يحصلون على مياه نقية، وأن مليارًا يعيشون في مساكن غير إنسانية، وأن ما لا يقل عن ٤٠,٠٠٠ طفل يموتون يوميًا من سوء التغذية والأمراض عام ٢٠٠٦.

العولمة إذن مصطلح مليء بالتحديات والاستفزاز. فهو مصطلح لا يشير إلى حكومة ديمقراطية عالمية واحدة توفر الرفاهة للجميع، ولا يعني عالمية المعتقد والأيديولوجيا أو الأديان، كما أنه لا يجوز أن يعني التخلي عن الشعور بالوطنية والانتماء.. العولمة قد تقصر المسافات لكنها لا تلغي الجغرافيا.. إن نجاح العولمة في أن تصل مدينة صناعية ضخمة في الولايات المتحدة الأمريكية بأصغر قرية في بنجلاديش لا يعني أن الاثنتين متساويتان في استخدام موارد العالم والبشرية.

في هذا السياق، تصبح مهمتنا نحن كعلماء في الصحة النفسية أن نسعى إلى عولمة الرفاهة النفسية بحيث توازي عولمة التكنولوجيا والسياسة والعسكرة.

عولمة الصحة النفسية: تحدٍّ لا يزال ينتظر التناول

الصحة النفسية هي حالة من الرفاهة تسمح للأفراد أن يتعرفوا على إمكانياتهم وتمكنهم من التوافق والتأقلم مع ضغوط الحياة اليومية والعمل المنتج والمُرضي، كما تمكنهم من المساهمة في بناء مجتمعاتهم.

هذا وتتوازى معدلات انتشار الاضطرابات النفسية مع الأحوال الاجتماعية والاقتصادية والثقافية. فإذا نظرنا إلى كل ما سبق أن ذكرناه في علاقته بالعولمة يمكن لنا أن نستنتج أن مفهوم الصحة النفسية والاضطرابات النفسية سوف يتأثر تأثرًا كبيرًا بما يشهده العالم من تطور في العلوم والمعرفة. ولكن يبقى السؤال: هل سيكون هذا التقدم وتلك المعرفة في متناول الجميع بالتساوي؟ هل سوف ينتفع الجميع على قدم المساواة بالتقدم العلمي في التشخيص والعلاج؟

لم يعد المرض النفسي ذلك الشيء النادر في هذا العالم، بل إن المرض النفسي أصبح يحتل مساحة كبيرة ضمن الأمراض المسببة للاعتلال في حياة البشر. لقد أوضحت البحوث أن الفقر والمرض النفسي يغذي كل منهما الآخر، ويؤدي كل منهما إلى الآخر في دائرة شريرة يجب كسرها إما بالقضاء على الفقر وإما بالتدخل المناسب مع المرض النفسي، وإن كان الأفضل أن تكسر في الموقعين. كما أظهرت أيضًا أن الفجوة بين من يتلقون العلاج ومن لا يتلقونه بين الأطفال والمراهقين هي الأكبر بين الفجوات في الحصول على العلاج والرعاية وهو أمر خطير، إذ يعني أن

الأجيال التي سوف تتحمل مسؤولية العالم في السنوات القادمة هم الأكثر تهميشًا والأكثر حرمانًا من الحصول على الرعاية الصحية النفسية.

هذا ويعود التغير في معالم الصحة النفسية إلى حد كبير إلى التغير في قاعدة المعرفة كما إلى إدارة الاقتصاد العالمي. وتتأثر هذه العملية أيضًا بكل تغير يطرأ على السياسة والاقتصاد العالميين.

إن هذا التغير السريع يمثل تحديًا كما يمثل فرصة للطب النفسي. وقد يكون التخفيض الدائم في ميزانية الدولة للإنفاق على الصحة هو أوضح المخاطر التي تواجه المهنة، حيث إن الجزء الأكبر من الإنفاق على خدمات الطب النفسي والرعاية الصحية النفسية يعتمد على الإنفاق الحكومي. في نفس الوقت نجد أن ذلك الانخفاض في الموارد يصاحبه زيادة في الطلب على هذه الخدمات.

عولمة الطب النفسي يجب أن تعني المساواة في توفير خدمات الصحة النفسية والبحث العلمي لجميع المرضى النفسيين، في كل مكان. وإذا صدقت العولمة التي وعدنا بها فمن الضروري أن يكون هناك إنصاف في توزيع الموارد المتوفرة للتشخيص والعلاج والتأهيل للجميع، بغض النظر عن المكان الذي يعيشون فيه.

حسب تقديرات منظمة الصحة العالمية فإن الإنفاق العام على الصحة النفسية يجب ألا يقل عن ١٠٪ من إجمالي ميزانية الصحة.. ٧٥٪ من الخدمات يجب أن تكون موزعة بالتساوي بين جميع أنحاء البلاد.. ٢٥٪ من أسرّة المستشفيات العامة يجب أن تكون مخصصة للمرضى النفسيين، وأقرب وحدة رعاية نفسية يجب ألا تبعد أكثر من

مسافة ساعة بالسيارة عن المستخدمين. بل وتوصي منظمة الصحة العالمية أن يكون الحد الأدنى من الموارد البشرية المتوفرة للصحة النفسية هي من ٢٥, ٠-١ طبيب نفسي لكل ١٠ آلاف من السكان، وأن يتراوح عدد الأَسِرَّة ما بين ٥-٨ أَسِرَّة لكل ١٠ آلاف من السكان. فأين نحن من هذا المفترض؟

الصحة النفسية تكاد أن تكون هي سندريلا ميزانية الصحة.. فعلى حين يبلغ إجمالي ميزانية الصحة حوالي ٧-١٤٪ من إجمالي الناتج القومي في البلاد الصناعية، نجدها تتراوح ما بين ١-٥٪ في البلدان النامية. كذلك يقدر البنك الدولي أن ٨٠٪ من إجمالي ميزانية الصحة في العالم تنفق على ١٠٪ من سكان العالم، وأن ٢٠٪ منها تنفق على باقي الـ٩٠٪ من السكان.. ولنقارن ميزانية الصحة التي تبلغ ٣٥٠٠ دولار أمريكي للفرد الواحد سنويًا في الولايات المتحدة الأمريكية مقارنة بدولار واحد في بعض البلدان.

لقد فشلت العولمة في أن تحقق عالمية الوفرة في خدمات الصحة النفسية لسكان هذا العالم.. لو كان لنا أن نلخص تأثيرات العولمة على الصحة النفسية حتى الآن فإننا سوف نعرضها في النقاط التالية:

١ ـ لقد أدى الاختلاف الثقافي والحضاري للمستخدمين إلى اتساع نطاق المواقف والمدارس التي تتناول المرض النفسي.

٢ ـ كما أدى الاختلاف الثقافي والعِرقي لمقدمي الخدمة إلى طيف واسع من التوجهات والمعتقدات الخاصة بالرعاية النفسية الصحية.

٣ ـ في البلاد النامية أدت حركات الهجرة الداخلية إلى ارتفاع

في معدلات الاضطرابات النفسية الناجمة عن الهجرة.. كما أدت التغيرات الاقتصادية والاجتماعية المصاحبة لذلك إلى ارتفاع معدلات المرض النفسي.

٤ ـ في كثير من بلدان العالم أدى تطور تكنولوجيا المعلومات إلى وفرة في المعرفة بما هو موجود من خدمات صحية في المجال النفسي دون أن تكون تلك الخدمات متاحة فعليًّا للاستخدام.

٥ ـ وأخيرًا فقد ساهمت العولمة في مزيد من التركيز على تطبيق الاتفاقيات الدولية في مجالات التدريب وسياسات الصحة النفسية وحماية حقوق الإنسان الخاصة بالمريض النفسي دون أن توفر توزيعًا منصفًا للموارد التي يمكن أن تطبق بها تلك المخرجات.

والحقيقة أن عولمة اليوم قد أثقلت واقع العالم بعدة أزمات: أزمة قيادة، حيث تسمح بتركيز الثروة في يد حفنة من البشر، وفي المقابل خريطة متسعة للفقر والحرمان؛ وأزمة ديمقراطية حيث يعيش ٣, ١ بليون شخص على دخول أقل من دولار واحد يوميًّا، وأزمة اقتصادية، حيث ٥, ١ بليون شخص محرومون من المياه النقية، وأزمة روحانية حيث استبدل الناس أملهم في حياة إنسانية بالأمل في التعويض في العالم الآخر، وأخيرًا أزمة أخلاقية متمثلة في سعي القلة إلى فرض مرجعياتهم على الأغلبية في هذا العالم.

أخلاقيات المهنة بين العالمية والخصوصية

بالعودة إلى قسم أبي قراط وإلى نصائح ابن سينا والرازي وابن عباس، نجد أن التطور الناتج عن العولمة قد أغار وأتلف أخلاقيات المهنة، وأن ما نصح به السلف أصبح في عالم الأوهام والخداع.. كان الطب سابقًا يمارس بواسطة أهل الحكمة والفلسفة ثم رجال الدين، أي أن الطبيب ينظر إليه كقديس يساعد الناس ويعالج المريض، ويحافظ على أسراره، ويلتزم بدقة بالأخلاقيات والشهامة والمروءة، ومع مرور الزمن وبتأثير ما يسمى بالحضارة الغربية وفقدان الثقة بين المريض والطبيب، وإعطاء طرف ثالث (شركات التأمين) مجالًا للتحكم في رزق الطبيب وإملاء شروطها عليه، بحيث لا يحق له التصرف على حسب حاجة المريض ولكن حسب رغبات شركات التأمين، أصبح الطبيب متجهًا في إخلاصه وواجباته والتزاماته إلى شركات التأمين وليس للمريض، وأصبح الطب في الغرب صناعة تجارية وحرفة مهنية تلتزم بقواعد الاقتصاد والعرض والطلب دون البحث عن الإنسانية والمواساة. وإذا تذكرنا كلمات الزمخشري: «إن الطبابة مواساة ثم مداواة»، نجد أن الفارق واضح بين الالتزام الشرقي والغربي في علاقة الطبيب بالمريض.

إن عرضًا مبسطًا للفروق في العلاقات الشخصية بين العالمين الغربي والشرقي التقليدي يوضح صعوبة توحيد المراجع الأخلاقية أو عولمتها.

على أي حال، لم يعد الأطباء اليوم أنصاف آلهة كما كانوا من قبل،

ولكن مجرد مقدمي خدمات لمرضاهم، بالإضافة إلى اهتمامِهم بالاهتمامات الطبية الخاصة لهؤلاء المرضى، والعمل على تأدية أكثر الاهتمامات الخاصة بمرضاهم. والأبعد من ذلك أنه في الأربعين عامًا الماضية، أصبح هناك تقدم هائل في التقنية والمعرفة الطبية. هذا التطور قدم للمرضى الآمال العظيمة في الأمراض المزمنة والمستعصية والتي كان صعبًا علاجها من قبل. وعلى الرغم من كل هذا التقدم، فإنه لا تزال هناك احتمالات لاستغلال بعض المرضى من جانب بعض الأطباء. ويعتبر الطب النفسي واحدًا من فروع الطب الذي تتوافر فيه احتمالات استغلال بعض المرضى من قِبل بعض الأطباء، وبسبب وجود بعض الغموض والإبهام حول الدراسات التي تُجرى على وظائف المخ في الإنسان، فإن هذا يجعل بعض المرضى النفسيين معرضين للاستغلال بالإضافة إلى أنه يعطي بعض الأطباء النفسيين الإحساس بالقدرة على فعل معظم الأشياء، ويعتبر المرض النفسي غامضًا ومرعبًا كنوع من الأمراض المستعصية؛ وذلك لأنه يؤثر على جزء مهم وحيز هام من أجزاء وظائف الإنسان ألا وهو وظيفة العقلانية والقدرة على التمييز بين الأمور. وفي الموقف الذي يكون فيه المريض عاجزًا عن التمييز بين الأمور، وفاقدًا للعقلانية فإن هذا الموقف يكون فرصة سانحة لبعض الأطباء أو بعض المهنيين في مجال الطب النفسي لاستغلال مرضاهم. وقد يكون ذلك الاستغلال أيضًا من جانب السياسيين أو الأحزاب السياسية أو من رجال الصناعات الطبية أو من الإداريين أو حتى من جانب أسر بعض هؤلاء المرضى

النفسيين. ولذلك فليس من المستغرب أن تقوم الجمعيات النفسية في كل أنحاء العالم بتطوير ووضع الدساتير الأخلاقية المهنية في هذا المجال من الطب، بحيث تهدف هذه الدساتير للأخلاقيات إلى حماية المرضى النفسيين من احتمال استغلالهم من بعض المهنيين في مجال الطب النفسي، بالإضافة إلى أن هذه الدساتير والقوانين تحمي الأطباء النفسيين أنفسهم من الإحساس بقدرتهم على فعل الكثير من الأشياء.

لقد تقدمت التكنولوجيا والعلم تقدمًا أذهل الجميع، وأصبحت الحياة أسهل كثيرًا بفضل هذه التكنولوجيا ولكَم نسينا في غمرة هذه الحضارة المعاصرة شيئًا هامًّا، وظهرت فجوة في حياة الإنسان، وهي خلوها من المرجعية العقائدية والأخلاقية، لقد اختزل الإنسان كآلة صماء، ومعادلات كيميائية وخضع للقوانين العلمية مما جعله «رقمًا» أو إنسانًا آليًّا يتحرك حسب نزوات القادة.

لقد تغيرت الأخلاق في عالمنا بتأثير الفضائيات والعولمة وبعد أن كان القول إن الفضيلة تواكب العلم، أصبح العلم منارًا للاستهتار بالنفس البشرية، ولا ننسى كتاب «حديقة الحيوان البشرية» عندما كتب عالم الاجتماع «ديزموند موريس» أن الحيوان في الغابة تختلف أخلاقه عندما يودع في أقفاص حديقة الحيوان، فهو في الغابة شهم، كريم، لا يهاجم فريسة إلا إذا كان جائعًا، ولكنه قد يهاجم مدربه أو من يطعمه في حديقة الحيوان، فكبت الحريات والكبت والاستبداد تولد أخلاقيات مختلفة، ويذهب الكاتب إلى أن الإنسان المعاصر يعيش في الأغلال والأسوار السياسية، وأن نظم الحكم في العالم

تختزل الإنسان في إعطائه بعض حاجاته الأساسية ولكنه عليه اتباع تعليمات القادة، ولا ننسى ذلك في دول العالم النامية والتي تحكم بواسطة أنظمة تتميز بالفساد، وعدم الشفافية، أو عدم المساءلة والحكم الدائم، ما سبَّب انهيارًا في الأخلاقيات والاتجاه إلى إيثار الذات، وعدم التضحية من أجل الغير والمنافسة القاتلة، وانعدام روح المحبة والتسامح.

إن ما تفعله شركات الأدوية العملاقة مع الأطباء والمرضى لهو جريمة كبرى تسمح بها العولمة، فهي تتحكم في سوق الدواء، وحاليًا يتكلف اختراع عقار جديد ما يوازى مليار دولار، والشركة تريد أن تسترد مالها، فلن تخترع دواء للملاريا أو الدرن، أو الجذام لأن هؤلاء المرضى لن يستطيعوا إعادة رأس المال، وهنا يكون الاتجاه لاختراع عقاقير أخرى للضعف الجنسي، للسمنة، لتأجيل الشيخوخة وحتى اختراعها للعقاقير النفسية المكلفة الجديدة، فقد غسلت مخ الأطباء ونسوا العلاجات الرخيصة والتي ثبت أخيرًا فاعليتها.

ونظرًا لكثرة التحديات التي يواجهها الممارس للطب النفسي في محاولته مداواة مرضاه، ولتعدد الأطراف التي قد تحرف تلك المهنة عن مسارها وعن الأخلاقيات التي يجب أن تحكمها، فقد عملت الجمعية العالمية للطب النفسي على إصدار ميثاق شرف للمهنة يحكم ممارستها ويحدد حقوق وواجبات المعالج في كل أنحاء العالم.. وهي مهمة ليست يسيرة إذا أخذنا في الاعتبار أن الأخلاقيات هي أكثر ما يتأثر بالثقافة السائدة، ومن ثَمَّ فقد كان من

الصعوبة أن يصل أطباء النفس في العالم إلى صيغة تحترم عالمية حقوق الإنسان وتتجنب الانتقائية غير المنصفة لسياسات العولمة دون أن تبخس في ذلك أحقية المريض أو تطمس الهوية الثقافية لكل شعب من شعوب العالم.

مخ الإنسان ذلك المجهول

المخ البشري حتى الآن يحير العلماء، ورغم التقدم العلمي الرهيب.. فلا يزال الكثير من خباياه مجهولًا.

لقد استطاع العلماء التعرف على كل مكونات المخ تشريحيًّا ووظيفيًّا.. وقد أدى ذلك إلى علاج الكثير من أمراضه، ولكنهم.. في بحثهم عن العقل الذي هو جوهر المخ اكتشفوا أنهم ما زالوا يقفون أمام لغز كبير.

في السنوات الأخيرة زادت الأبحاث العلمية التي تريد أن تعرف العقل بصورة أعمق لبحث مكونات الذكاء، الوعي، الذاكرة، اللغة، اتخاذ القرار، الانفعال، وكان يظن أن أماكنها الثابتة في المخ معروفة، وقد أثبتت الأبحاث الحديثة أنها عملية وظيفية لكنها ليست محددة بمكان ثابت.

هناك كم كبير من الاتصالات شديدة التعقيد تتم بين خلايا المخ ومراكزه المختلفة لأداء وظيفة واحدة مثل الذاكرة التي تشغل آلافًا

من خلايا المخ تعمل في وقت واحد، وبأسلوب منظم، وتحتل أماكن كثيرة بخلاف الأماكن التشريحية العادية المعروفة سابقًا. كيف يقوم المخ بتخزين هذه الذاكرة وترتيبها؟ هل تكون على هيئة شحنة كهربائية أو تغيرات كيميائية؟ كيف يفقد الإنسان الذاكرة، وهل يمكن استعادتها أو تنشيطها؟ الوعي.. أين مركزه؟ وماذا يعمل على وجه التحديد؟ كل ما نعرفه أن إصابة جذع المخ تؤدي إلى الغيبوبة، لكن قد يفقد الإنسان الوعي دون إصابة لجذع المخ. هل غيبوبة المخ تعني الموت؟ الانفعالات.. أين مركزها؟ وكيف تتكون؟ لماذا نحب؟ ولماذا نكره؟

واللغة.. إن مجرد تفكير شخص في كلمة محددة ينشط خلايا المخ. فإذا نطقها ينشط خلايا أخرى.. أما إذا كانت الكلمة نفسها مكتوبة فإن قراءتها تتطلب نشاط خلايا مختلفة. وهذا إن دل على شيء، فإنما يؤكد أن اللغة عملية مركبة وليست مجرد وظيفة في المخ.

ساعد العلماء في محاولتهم من أجل الكشف عن أسرار العقل ظهور أنواع عديدة من أجهزة الأشعة المقطعية والرنين المغناطيسي الوظيفي التي مكنتهم من رؤية المخ البشري بتفاصيله الدقيقة أثناء أدائه لبعض وظائفه، وشجع هذا العلماء على التفكير في أن وظيفة العقل أكبر بكثير من مجرد النظر إليها تشريحيًا.

وهذا يجعلنا نتساءل مرة أخرى: ما هي الوظيفة الحقيقية للعقل؟ هل هي متغيرات كيميائية؟ أم نشاط كهربائي؟ أم أن هناك قوة خارقة تقف خلفها لها علاقة بالروح والنفس؟

كلها أسئلة جذبت أنظار العلماء واهتمامهم في البحث عن أسرار العقل بعيدًا عن العملية التشريحية. وكلما زاد البحث اكتشف العلماء مدى الغموض الذي ما زال يكتنف هذا العضو الخطير الذي يمثل قمة الجهاز العصبي المركزي والذي لا يتعدى وزنه الكيلو ونصف الكيلو ويمثل ١ على ٦٠ من وزن الجسم، ولكنه يمثل ٢٠٪ من طاقة الجسم كله.

ولمعرفة بعض أبحاث العلماء في مجال العقل البشري بحثًا عن المزيد من الحقيقة، نجد أنه من خلال التقدم في التصوير الحديث للمخ يمكننا الآن رؤية المخ من خلال شاشة وهو يعمل، ينفعل، يفكر، يتكلم، بالإضافة إلى رؤية الأمراض العصبية والإصابات والأورام المختلفة التي تصيب أي مكان من المخ.

لدينا جهاز فحص المخ الطوبوجرافي بالكمبيوتر وهو عبارة عن جهاز المخ القديم، ولكنه يستطيع أن يترجم الرسم إلى صور وخرائط. من هذه الخرائط نستطيع أن نعرف الطاقة الكهربائية الموجودة في المخ.

جهاز البث الـ«بوزدروني» ويحتوي على شبه مفاعل نووي. تكاليفه باهظة ويستعمل في الأبحاث العلمية وكذلك في الكشف عن انتشار السرطان في الجسم وغيرها من الأمراض.

لدينا جهاز «سبكت» وهو خاص ببيان كمية تدفق الدم الذي يدخل كل مراكز المخ المختلفة، ولبيان أهمية هذا الجهاز أقول إنه عندما يرى شخص زهرة ويمتعه جمالها وألوانها، تظهر زيادة تدفق الدم في الفص المؤخري من المخ المسؤول عن الإبصار، فإذا سمع

موسيقى هادئة وتأثر بها نجد تدفق الدم قد نشط في الفص الصدغي للمخ الموجودة فيه مراكز السمع. يحدث ذلك في بقية مراكز المخ.. الذاكرة والإدراك والترابط الفكري.

جهاز تصوير المخ بواسطة الرنين النووي المغناطيسي.. هذا الجهاز موجود في مصر وعن طريقه يمكننا رؤية جميع أنسجة المخ، كل هذه الأجهزة تساعدنا في رؤية وتحديد الأمراض لعلاجها، أما الجديد الذي يبحث عنه العلماء فهو معرفة كيف يفكر الإنسان الطبيعي وكيف ينفعل ويحس، هل يختلف أسلوب تفكير المرأة عن الرجل؟ وكأن التحدي الأساسي لهذه الأبحاث هو كيفية تشخيص المريض إذا لم نكن على علم بعمل المخ في الإنسان الطبيعي.

إن الهجوم الذي انصب على نظريات «فرويد» رائد التحليل النفسي أنه أخذ عينات من المرضى وبنى عليهم نظريته ثم طبقها على الأصحاء. فأفسد كثيرًا من المفاهيم الخاصة بالقِيَم والأخلاق والدين. اجتهد بذكاء شديد في البحث عن أشياء كثيرة في اللاشعور، لكن التساؤل كان: كيف أبني نظرية أساسها شخص مريض ثم أطبقها على شخص سليم؟ يجب أولًا أن أعرف ماذا يفعل الأصحاء ثم أطبق ذلك على المرضى.

والسؤال: ما هو العقل؟ العقل هو الوظيفة العليا في المخ التي تضم العاطفة والتفكير والسلوك، وقد كان العقل دائمًا محل خلاف على مر العصور. فقد وضعه العلماء في أماكن مختلفة في الجسم. وقال أفلاطون إن العقل في المخ، لكن أرسطو جاء ليقول إنه موجود

في القلب. وأخيرًا عرفنا أن العقل موجود في المخ. وبدأ العلماء أبحاثهم الجادة لمعرفة حقيقة العقل. من هذه الأبحاث، كان موضوع الوعي، فالوعي يعتمد أساسًا على نشاط التكوين الشبكي وهو مجموعة من الخلايا العصبية موجودة في جذع المخ تعطي النشاط الدائم لقشرة المخ، حتى إن بعض العلماء يقولون إن الروح موجودة في هذا التكوين الشبكي، ويبقى الإنسان واعيًا ومستيقظًا ما دام هذا التكوين الشبكي يقوم بتنشيط قشرة المخ، وينام الإنسان فور توقف عمل هذا التكوين.

عندما يولد الإنسان يكون التكوين الشبكي والقشرة المخية ضعيفين جدًّا، وهذا هو السبب في أن الطفل ينام بصفة مستمرة ثم تبدأ ساعات نومه في التناقص مع نموه حتى يكتمل التكوين الشبكي وتقوى القشرة المخية، وإذا حدث وقلت نسبة الأكسجين وتدفق الدم في الوصول بصورة كافية للتكوين الشبكي لأي سبب مَرَضي مثل عدم كفاءة الرئة أو الكلية أو القلب، فإن المريض يعيش في حالة من الخدر وشبه الغيبوبة.

أما إذا حدث نزيف في جذع المخ فإن التكوين الشبكي يموت فيصاب الإنسان بغيبوبة لا يفيق منها. وتعيش بقية أعضائه على الأجهزة المساعدة، وقد أثارت هذه الحالة جدلًا عالميًّا لفترة طويلة حول تعريف الوفاة: هل هي توقف القلب أم موت المخ؟ وقد حُسمت هذه القضية في معظم الدول عندما تقرر أن موت المخ هو الأساس؛ وهو ما يعرف بالموت الإكلينيكي.

قبل الدخول في نتائج الأبحاث الجديدة دعنا نتساءل عن

تكوين المخ تشريحيًّا، وباختصار شديد نستطيع القول إن المخ يتكون من فصين: الفص الأيسر في الأشخاص الذين يستخدمون أيديهم اليمنى نسميه الفص السائد، ويكون الفص الأيمن هو السائد في الأشخاص الذين يستخدمون اليد اليسرى. الفص الأيسر مسؤول عن الكلام والنطق والسببية والعقلانية ويطلق عليه اسم «الفص العالم»، أما الفص الأيمن فمسؤول عن المسافات والتذوق الجمالي والموسيقى والعواطف، ولذلك يطلق عليه اسم «الفص الفنان».

يصل بين الفصين «المقرن الأعظم» وهو مجموعة الألياف العصبية التي تربط بين فصَّيِ المخ ثم يوجد جذع المخ. والمخ يزن كيلو ونصف الكيلو، ويمثل ١ على ٦٠ من وزن الإنسان، ويتركب من مائة بليون خلية عصبية. وتتركز وظائف المخ العليا في قشرة المخ وتشكل هذه الوظائف: الإحساس ـ الإدراك ـ التعليم ـ الذاكرة ـ اللغة ـ المنطق ـ والقدرة على الحكم على الأشياء. وهو ما نطلق عليه «العقل».

وفي مجال البحث عن اختلاف عمل مخ الرجل عن المرأة أثناء التفكير أجريت عدة أبحاث جاءت نتائجها جميعًا جديدة ومذهلة، تم تصوير فصَّيِ المخ لدى رجال ونساء أثناء عملهما حتى تكتمل الصورة وظيفيًّا كما هي تشريحيًّا، وأوضحت النتائج أن اتصال الجزء الأمامي من «المقرن الأعظم» أي الوصلات العصبية بين فصَّيِ المخ تكون في المرأة أكثر تماسكًا واتصالًا، والألياف الموجودة فيه أكبر حجمًا واتساعًا مقارنة بالرجل. وتعني هذه النتيجة

أن الاتصال العصبي بين فصَّيِ المخ في المرأة أكثر شمولًا وثراء مما هو في الرجل. فقد سجل العلماء أن الرجل يستخدم بصفة مستمرة الفص الأيسر وجزءًا صغيرًا جدًّا من الأيمن. لكنهم وجدوا أن الفصين يعملان مع بعضهما في مخ المرأة، وأن الاتصال بين الفصين مستمر. ومعنى ذلك أن إدراك المرأة كلي؛ أي يجمع بين المنطق والعاطفة. وهذا يلغي فكرة أن المرأة أكثر عاطفة من الرجل. فالاتصال التشريحي لنسيج المخ بين الفصين الأيسر والأيمن في المرأة أقوى منه في الرجل.

لا جدوى من الهروب، ونحن على أبواب عصر جديد يحمل ملامح مختلفة تمامًا للمرأة بعد أن بدأت الأبحاث العلمية الحديثة بإمكاناتها المتطورة تضعنا أمام معلومات مغايرة لكل ما عرفناه عن النساء.. فالأنثى الضعيفة.. المنكسرة.. الباحثة عن الحماية.. صورة قد تدخل قريبًا أرشيف الذكريات.

لا جدوى من الهروب.

المرأة قوية جسديًّا، والأرقام القياسية التي تحققها أثناء الدورات الأوليمبية تتضاعف بمعدل أسرع من الرجل، بل تكاد تقترب من الأرقام القياسية للرجل.

المرأة قادرة على تحمل الضغوط النفسية والعصبية واشتراكها في رحلات الفضاء الخطرة أيد هذه الحقيقة.

المرأة لا تعرف الضعف، فهي تملك من الثبات والقوة ما يسمح لها بارتكاب أصعب الجرائم وأكثرها وحشية، والأرقام تقول: عدد النساء القاتلات في تزايد ملحوظ.

لا جدوى من الهروب.

المرأة تغيرت.. جسديًّا.. ونفسيًّا.. والأخطر عقليًّا بعد أن أكدت الأبحاث المعملية الأخيرة أن عقل المرأة مختلف عن عقل الرجل!

وفي محاولة لاكتشاف خفايا عقل المرأة، وتسليط الضوء على مَوَاطن القوة والضعف فيه.. وفتح الأبواب السرية لعالم المرأة الخفي.. وفك الشفرة الغامضة لهذا اللغز الجديد.. كان لا بد أن يصحبنا خبير تعامَل طويلًا مع العقل البشري، ولمس عن قرب آلام النفس وعذاباتها.. ويعرف جيدًا طريقه وسط شبكة الأعصاب الإنسانية شديدة التعقيد.

لقد أصبح لدينا الآن العديد من المعلومات، ما يجعلنا نجزم بأن مخ الرجل يعمل بطريقة مختلفة عن مخ المرأة.. فمن المعروف أن تشريح مخ الرجل تقريبًا مثل تشريح مخ المرأة، رغم أن مخ الرجل أكبر ويرجع ذلك إلى أن حجم الجمجمة عند المرأة أقل، ولا توجد علاقة مباشرة بين حجم المخ ونسبة الذكاء، حيث إن الفيل مثلًا يملك مخًّا أكبر من الإنسان، ولكنه ليس أذكى منه.. و«أينشتاين» عندما أعطى مخه للتشريح بعد وفاته لم يجدوا عند التشريح أي فرق بينه وبين أي متخلف عقلي.. ولكن الاختلاف هو في وظيفة الخلية العصبية في المخ.

ـ فمنذ سنوات رسم الفنان العالمي «سلفادور دالي» ديكورات فيلم من أفلام الخيال العلمي تحكي قصة رحلة عجيبة يقوم بها مجموعة من العلماء داخل أوردة وشرايين الجسم البشري بحثًا عن المرض.. ومن خلال أحداث الفيلم والديكورات المبهرة نكتشف العالم الخفي للجسد الإنساني.. ولو حاولنا اليوم أن

نكرر التجربة ونرسم صورة لعمل المخ عند المرأة.. هل سنجد اختلافًا بين الرجل والمرأة في هذه المادة الجيلاتينية؟

منذ ما يقرب من العشر سنوات، توصل العلماء والباحثون إلى وجود اختلاف بسيط في التشريح بين مخ الرجل ومخ المرأة.. ولكن هذه الأبحاث لزمت الصمت تجاه الإجابة عن مدى تأثير هذه الاختلافات التشريحية على عمليات التفكير عند كل منهما.

بفضل التطور الذي طرأ على أجهزة تصوير المخ استطاع العلماء التعرف على طريقة عمل المخ عند كل من المرأة والرجل، وأصبح بالإمكان مراقبة عمل المخ خلال عمليات التفكير أو الإحساس أو التذكر. وقد توصلوا هذا العام إلى إثبات أن هناك اختلافًا في الشحنات العصبية الصادرة عن مخ كل من الرجل والمرأة سواء عند بدء القراءة أو في حالة الاسترخاء.

وقد أحضروا مجموعة من الرجال والنساء في مستوى ذكاء متقارب أو متعادل ثم ألقوا أمامهم بأبيات من الشعر الجميل والعاطفي، ووجدوا من خلال التصوير أن الفص الأيسر فقط عند الرجل هو الذي يستجيب لهذا الشعر، ولكن وجدوا عند المرأة أن الفصين الأيمن والأيسر استجابا معًا للشعر.. ومعنى ذلك أن المرأة استطاعت أن تتفهم الشعر وتستجيب له بشكل أكثر قوة، والأهم أن هذه الأبحاث تؤكد أن النصف الأيمن من مخ الرجل على علم دائم بما يقوم به النصف الأيسر، أما عند المرأة فالنصفان لا يكفان عن اللغو العصبي.. بمعنى آخر فإن مخ الرجل منقسم إلى أجزاء واضحة بينما مخ المرأة وحدة متداخلة.

ويعني ذلك أن اتهام المرأة بالقصور لأنها عاطفية اتهام خاطئ، بل اتهام رجالي.. لأنها كما تقول.. ويؤكد العلم الحديث عقلانية جدًّا حتى في أكثر المواقف عاطفية، حتى وإن لم تُظهر ذلك صراحة، وهنا لا أوافق على تحديد كلمة «عاطفية» في إطار الضعف، وتعبير «المنطق» للإشارة إلى القوة.

بتحديد أكثر.. المرأة لها نفس منطق الرجل، فالفص الأيسر عند المرأة يعمل بنفس كفاءة الفص الأيسر عند الرجل، ولكنها تتفوق على الرجل بأنها قادرة على أن توصل شحنات عاطفية إلى فص المنطق فتتعادل العملية في التفكير بصورة أفضل بكثير من الرجل.

ويعني ذلك أن هناك انفصالًا بين عاطفية الرجل ومنطقه.. بمعنى أنه عندما يحب.. يحب بلا منطق.. وعندما يمنطق الأمور فإنه يمنطقها بلا عاطفة.. في حين أن المرأة تمنطق الأحداث بعاطفية.. وفي قمة عواطفها لا تتخلى عن المنطق.

إن المرأة أكثر استعدادًا للإصابة بالاكتئاب.. وكنا نرجع ذلك إلى الظروف الاجتماعية التي تحيط بالمرأة، ولكن من الاكتشافات الحديثة تبين أن المرأة عندما تتسلط عليها الأفكار الحزينة تبذل جهدًا عقليًّا أكثر مما تبذله في حل أعقد معادلات الرياضة الحديثة. ومن أطرف التجارب التي أجريت في هذا الصدد، تلك التجربة التي أجراها العالم «روبن جور» وزوجته للتعرف على قدرة كل من الرجل والمرأة على التقاط المشاعر. وكان ذلك عن طريق عرض عدد من الأشخاص على مجموعة من الرجال والنساء ومطالبتهم بالتعرف

على الوجوه الحزينة من بين المجموعة المعروضة، وكانت النتيجة أن عينة النساء نجحت في التعرف على ٩٠٪ من الوجوه الحزينة المعروضة عليهن. وقد وجد الباحثون في هذه النتيجة تفسيرًا لارتفاع نسبة إصابة النساء بالاكتئاب أكثر من الرجل.. فالمرأة حسب رأيهم أكثر استجابة لمشاعر الحزن.

وهذا لا يعني أن المرأة.. نكدية. إن المرأة مثل الرجل قد تكتئب عند التعرض للإجهاد أو الشدة.. ولكن بعض النساء (والنسبة ليست كبيرة) يتعرضن للاكتئاب قبل الدورة الشهرية وبعد الولادة.. كما تعاني المرأة من الاكتئاب نتيجة للوصول إلى ما يسمى توقف الطمث.. وهي تسمية خاطئة، فالقرآن الكريم ذكر «يأس المحيض»، ومقصود به يأس من الإنجاب فقط. وبعض السيدات يتصورن أن انقطاع الطمث هو نهاية لحياتهن الأنثوية وذلك حصيلة وراثة من سنوات إهدار حقوق المرأة، عندما كانت وظيفتها في المجتمع هي الإنجاب، أما خلال الـ ١٠٠ سنة الأخيرة فقد تغير الوضع تمامًا وأصبح لها كل الحقوق، وأصبحت هذه المرحلة هي قمة النضوج الفكري والعاطفي والجنسي دون خوف من الإنجاب أو الحمل.

يجب أن نفرق ما بين أعراض نقص هرمون الأنوثة، وتتمثل في زيادة ضربات القلب والإحساس بعرق غزير وسخونة تصاحبها أعراض نفسية، فهذه الهزة الهرمونية تسبب أحيانًا سوطًا على الجهاز العصبي يؤدي إلى الإصابة بالاكتئاب والإحساس بالضياع وسهولة البكاء.

لا أدري هنا إذا كان كلامي سيعجب الرجل.. وخاصة الرجل الشرقي.. ولكن الرجل أيضًا يا سيدتي يعاني من سن اليأس والأعراض واضحة عنده.. ولكنها سلوكية وليست عضوية.. إنه يشعر بأن العمر يهرب منه.. فيحاول أن يمسك به من خلال تحقيق مزيد من التفوق في عمله، أو يدخل في تحديات صعبة، أو يتورط في علاقات نسائية جديدة.. لا بحثًا عن العاطفة ولكن بحثًا عما يؤكد له أنه ما زال مرغوبًا ومطلوبًا من النساء.. ولكن هذه المرحلة سرعان ما تنتهي ويكتشف الرجل مثل المرأة تمامًا أن كل مرحلة من مراحل العمر لها جمالها ورونقها.

ينبه الغضب عند المرأة منطقة «التلفيف الحزامي» في المخ، أما عند الرجل فإنه يعطي نشاطًا للفص الصدغي، والفرق بين الاثنين أن التلفيف الحزامي جزء يشكل تطورًا حديثًا في نشأة الإنسان في المخ ويتحكم في الانفعالات المركبة مثل الغضب وتعبيرات الوجه المصاحبة لشعور الضيق أو الحنق. أما الفص الصدغي فإنه يحول المشاعر إلى أفعال وحركات وعدوان على الآخرين. وهذا الفص موجود لدى الحيوانات أيضًا، في حين أن التلفيف الحزامي ضعيف جدًّا عند الحيوانات.

وهنا نتساءل: هل يعني ذلك أن عقل المرأة أكثر تطورًا وتحضرًا؟ والواقع أن الرجل استجابته للانفعالات غير مركبة بطريقة حضارية.. بل مركبة بطريقة بدائية.

لو أكملنا رحلتنا الخيالية داخل العقل وسألنا: علميًا.. هل نستغل قدراتنا العقلية بنسبة ١٠٠٪ أو أقل بكثير؟ بالطبع لا.. وإن كنا لا نعلم

بالتحديد ما هي طاقات المخ البشري.. فالإنسان لا يستغل إلا قدرًا ضئيلًا من إمكاناته العقلية.. ولا أحد يعرف بالضبط ـ حتى الآن ـ ماذا يحدث لو حاولنا استخدام قدر أكبر من قدرات المخ.. ربما ينتج عن ذلك تداخل في الوظائف.

نعم يمكن تحسين أداء العقل البشري عن طريق التدريب.. فالذاكرة مثلًا كالمكتبة يمكن تحسين الخدمة بها عن طريق العناية بترتيبها وليس زيادة سعتها.

لقد سمعنا عن عمليات نقل القلب وتغيير الشرايين.. وزرع الكبد... فهل من الممكن نقل المخ؟ في الوقت الحالي يصعب أن نتصور أن بإمكاننا نقل وإعادة ربط ملايين الخلايا الحية من شخص إلى آخر.. ولكن ما يحدث الآن زرع بعض الخلايا التي بها قصور لتحسين أداء المخ، كما يحدث للمرضى المصابين بداء الشلل الرعاش (باركنسن)، وبدأت الأبحاث في زرع خلايا جذعية في المخ في مرضى الزهايمر!

إن التحدي الحقيقي الذي يواجهه إنسان هذا العصر ليس اكتشاف كواكب مجهولة.. ولا أقمار غامضة تجوب الفضاء الفسيح.. ولكن اكتشاف قدرات الإنسان الخفية.. وأخطرها العقل، وخاصة عقل المرأة. وقد أضافت الأجهزة الحديثة الكثير إلى علاج الأمراض النفسية، فحتى وقت قريب لم يكن أحد يصدق أنه يمكن أن نرى ما يحدث داخل المخ للمصابين بالأمراض النفسية. ففي مرض مثل الوسواس القهري وجدنا أن تدفق الدم في الفص الجبهي يزيد عن الأسوياء، ويقل تدفقه في جزء يسمى التلفيف الحزامي، وأن الأنواء

القاعدية، وهي جزء مهم للحركة وتناسقها، تكون أصغر حجمًا في المرضى عنها في الطبيعيين. وإن هناك خللًا يصيب موصلًا كيميائيًّا يمنع تدفق الدم، ولم يكن يتسنى حدوث هذا إلا من خلال رؤية المخ، ومن ثَمَّ تم اكتشاف علاج للوسواس القهري منذ عدة سنوات يصلح الخلل الوظيفي الذي أصاب المخ.

ومرض الوسواس القهري عبارة عن أفكار أو أفعال تسيطر على صاحبها رغمًا عنه، يعلم تمامًا أنه لا يصح التفكير فيها لكنها قهرية بالنسبة له. ولقد كنا نظن أنه مرض نادر، لكننا اكتشفنا أننا لدينا مريض بالوسواس القهري بين كل ٥٠ شخصًا، وأنه يعتبر ثالث الأمراض النفسية انتشارًا على مستوى العالم بعد الاكتئاب والرهاب (الخوف)، لكن معظم المصابين به لا يُفصحون عما بداخلهم من أفكار وسواسية عن الدين أو الجنس.

أضافت الأبحاث الجديدة الكثير للأمراض النفسية التي هي أساسًا نتاج لخلل وظيفي. فقد اتضح لنا إلى حد كبير كيمياء الاكتئاب والألم والهلع والوسواس القهري والفصام، لكننا ما زلنا عاجزين عن معرفة كيمياء الغيرة ــ الحسد ــ الكراهية، وما زال أمامنا الكثير من الأسرار التي لم تكتشف بعد في المخ.

الذاكرة.. أين مكانها؟ وكيف يفقدها الإنسان؟ وهل يمكن المحافظة عليها؟ الذاكرة ليس لها مركز، كل جزء في المخ يعمل لذاكرة معينة، مكان الذاكرة الحديثة يختلف عن مكان الذاكرة بعيدة المدى. عند استعادة ذكرى معينة تزيد كمية الدم المتدفق

في المكان المخزنة فيه تلك الذاكرة ومعه شحنته الانفعالية، تمامًا مثلما يحدث لشخص بترت ذراعه، إنه يشعر بألم في يده المبتورة رغم عدم وجودها. ذلك لأن هذا العضو ظل يعطي إشارات للمخ لسنوات طويلة قبل البتر. وما زال المخ يختزن ذاكرة هذه اليد. ومن ثَمَّ الإحساس ما زال موجودًا رغم عدم وجود اليد نفسها. وقد يفقد الإنسان الذاكرة نتيجة لارتجاج في المخ، ويتوقف حجم الفقدان على مكان الإصابة، كما قد يفقدها نتيجة لضمور الخلايا. فالإنسان يولد ولديه ٣٦ بليون خلية عصبية في المخ. تضمر مع الزمن ليبقى لنا منها ١٢ إلى ١٦ بليون خلية، وما يضمر منها لا يعوض.

ومرض الزهايمر أكبر مثال على فقدان الذاكرة، وهو ضمور في خلايا المخ يصيب ١٪ ممن وصلوا إلى سن ٦٠ سنة، وتزيد النسبة لمن وصل إلى سن ٧٠ سنة، لتتراوح ما بين ٥٪: ١٠٪ ثم تتصاعد النسبة، وهو تطور طبيعي لكبر الإنسان، وضمور الخلية العصبية معناه عدم القدرة على التسجيل، أي تذكُّر ما يحدث. لهذا فإنه مع بداية ضمور الخلايا يفقد صاحبه الذاكرة للأحداث القريبة بينما يتذكر بكل التفاصيل الأحداث البعيدة، وذلك بسبب عدم قدرة المخ على تسجيل الجديد لعدم وجود خلايا حية. ومع الوقت تبدأ خلايا أخرى في الضمور لتستهلك الذاكرة التالية حتى تصل في النهاية إلى الفقدان الكامل لها الذي يؤدي إلى عدم معرفة أقرب الناس لصاحبها، وهي المرحلة الأخيرة. ولكي يحاول الإنسان تأجيل ضمور الخلايا،

عليه أن يجعل مخه يعمل بصفة مستمرة. فكلما زود الإنسان الإثراء البيئي المعرفي للمخ، أجَّل وأبطأ من زحف فقدان الذاكرة في الكبر وضمور خلاياه.

ويتجه الطب النفسي الآن إلى اكتشاف الدوائر العصبية المخية الكهروكيميائية لكل مرض، فقد تم إلى حد كبير معرفة الدائرة الكهروكيميائية للفصام، الاكتئاب، الهوس، الوسواس القهري، إلخ. وبدأ اسم الفصام يختفي ليصبح اضطراب التكامل أو اضطراب التوصيلات الكهروكيميائية.

إن من يفهم ويستوعب فسيولوجيا وتشريح وكيمياء المخ ولا يؤمن بوجود الله، فإنه لم يفهم شيئًا لأن المخ البشري معجزة الخالق.

وقد استفاد الجرَّاح من هذا التقدم في اكتشاف المخ ورؤيته. إن رؤية الجرَّاح لتفاصيل المخ وتَمكُّنه من تحديد الأماكن التي يريد التدخل جراحيًّا فيها تجعل الجراحة أكثر أمانًا. ويتركز الدور الجراحي أساسًا في استئصال الأورام التي قد تكون سطحية على قشرة المخ، وهي عادة أورام حميدة يتم استئصالها بسهولة وقد تكون الأورام عميقة، وتحتاج لدقة في التعامل معها، وقد مكن استخدام الميكروسكوب الجراحي من الوصول إلى أدق الأماكن في المخ. أيضًا المناظير الحديثة تمكن الجرَّاح من خلال فتحة صغيرة في الرأس من الوصول إلى الأورام الصغيرة لاستئصالها. ويوجد أسلوب حديث ما زال استخدامه محدودًا، وهو استعمال أشعة الليزر في تدمير بعض الخلايا النشطة دون اللجوء إلى فتح المخ. كما تقدمت جراحات علاج التشنجات العصبية التي لا تستجيب

للعلاج الدوائي. ونتائج جراحات المخ في مصر لا تختلف نسبتها عن النتائج العالمية، لكن تبقى مجموعة صغيرة من الحالات تحتاج إلى خبرة متميزة وأجهزة مساعدة غير متوفرة في مستشفياتنا.. يتم إجراؤها في الخارج.

إن التطور الذي يحدث في المراكز البحثية العالمية حول كشف أسرار المخ البشري الذي ما زال الكثير من خباياه غامضًا، هو الأمل الذي يتطلع إليه الإنسان، فالمخ البشري حقًّا.. هو معجزة الخالق.

الاكتئاب والانتحار.. لماذا؟

تفيد منظمة الصحة العالمية أن مليون نسمة ينتحرون سنويًّا في العالم بواقع انتحارٍ كل ٢٠ ثانية، وتزيد محاولات الانتحار إلى عشرة أمثال الانتحار، ويزيد الانتحار بين الذكور بينما تزيد محاولات الانتحار بين الإناث إلى خمسة عشر مثل الانتحار!

والملاحظ في هذه الدراسة زيادة نسبة الانتحار في هؤلاء أقل من سن الثلاثين مقارنة بالدراسات السابقة حيث كانت تزيد بعد سن الخمسين.

فمثلًا «إرنست هيمنجواي»، كاتب عمت شهرته الآفاق، حصل على جائزة نوبل في الأدب نظرًا لإسهامه العالمي في القصة. كان محاربًا.. تطوع في الحرب الأهلية الإسبانية. كان مغامرًا عندما ذهب إلى الأدغال في أمريكا الجنوبية. نجحت قصصه.. واشتهرت.. وكثير منها أصبح أفلامًا سينمائية. وهو من الكُتاب القليلين الذين تمتعوا بأموالهم وثرواتهم أثناء حياتهم. كان يملك

المال.. والقوة.. والجاه.. والشهرة، والصحة أيضًا! ومع ذلك اسودت الدنيا أمام عينيه.. وأحس بالاكتئاب يملأ حياته.. وأخيرًا.. اختار أن يدخل مستشفى لعلاج الأمراض النفسية.. ولكنه هرب منه بعد عدة أيام.. وعاد إلى بيته.. ليطلق الرصاص على نفسه ويموت! انتهى المجد والقوة والمال والثروة. كانت صحته جيدة.. لم يشكُ من مرض خبيث أو غير خبيث. لم يشعر بالألم في أي جزء من أجزاء جسمه.. ولكنه عرف عذاب هذا الألم الذي يشعر به مريض الاكتئاب. قصة أخرى.. بطلها الممثل الشهير «جورج ساندورز»، إنه ممثل قدير مشهور.. حصل على جائزة الأوسكار، وكان هو أيضًا يتمتع بالمال.. والقوة.. والجاه.. والشهرة.. وحب الجماهير. اشترى جزيرة خاصة.. وعاش الحياة التي يحلم بها الكثيرون. وفي وسط كل هذه المتع أطلق الرصاص على رأسه بعد أن قال: «لقد سئمت الحياة»! لماذا انتحر «إرنست هيمنجواي»؟ ولماذا صرخ الممثل العالمي «جورج» صاحب المال والجاه قائلًا: «لقد سئمت الحياة»؟ وأخيرًا، «داليدا» المغنية الفرنسية الشهيرة ذات الأصل المصري.. والتي أصبحت مشهورة واستمتعت بالحياة بأقصى معانيها.. ونالت من المال والشهرة ما يكفي عشرات النساء.. وفي ريعان شبابها انتحرت بابتلاع كمية كبيرة من الحبوب المخدرة. لقد كان كلٌّ من هؤلاء ضحية مرض واحد، هو مرض الاكتئاب. وعندما نتحدث عن هذا المرض يجب أولًا أن نسميه الاكتئاب الجسيم، وهكذا يمكن أن نفرق بينه وبين حالة أخرى هي الاكتئاب

الخفيف. والاكتئاب الجسيم عبارة عن استعداد خاص في الجهاز العصبي ومركز العواطف في المخ مع وجود نقص وعدم اتزان في بعض الموصلات العصبية بالجهاز العصبي. وهكذا يشعر الإنسان بالاكتئاب دون وجود سبب واحد مباشر لهذا الإحساس في حياته. فقد يكون الإنسان ناجحًا في حياته، متمتعًا بصحة جيدة، يملك المال، ومع ذلك فإن مرض الاكتئاب الجسيم قد يصيبه مثل أي مرض جسدي آخر. أما الاكتئاب الخفيف فهو الحالة التي تحدث نتيجة لظروف خارجية في حياة الفرد، وهذه الظروف تنتهي إلى إحساسه باليأس والقنوط والحزن، ويسمى حاليًا بعسر المزاج. والاكتئاب مرض عالمي.. فهو موجود بين سكان مختلف بلدان العالم. وتؤكد منظمة الصحة العالمية أن نسبة انتشار الاكتئاب الجسيم تتراوح ما بين ٣-٦٪ من عدد سكان العالم، أي حوالي ١٨٠ مليون نسمة، وهذه النسبة ليست قليلة.. فمثلًا لو أخذنا بلدًا مثل مصر التي يصل تعداد سكانها إلى حوالي ٩٠ مليون نسمة، فإن عدد مرضى الاكتئاب الجسيم في مصر يصل إلى حوالي مليون ونصف مليون مريض! وعادة ما يزداد انتشار هذا المرض بين النساء أكثر من انتشاره بين الرجال. وعامل الوراثة له أهميته في هذا المرض. ولكن عندما نتحدث عن الوراثة هنا، فإننا لا نحتم وجود المرض عند الأب.. أو الأم.. ولكن المقصود هنا ولادة الإنسان ولديه استعداد خاص للإصابة بمرض الاكتئاب. فإذا أصيب أحد الأبوين بالاكتئاب فلا تزيد النسبة بين أبنائهم على ٣٠٪. وتحدث

الإصابة بالاكتئاب عند مجموعة من الناس لهم غالبًا هذه الصفات الجسدية، ولكنه قد يحدث بالطبع في أي صفات جسدية أخرى: الميل إلى البدانة، قِصر الرقبة، الوجه المستدير، البطن الكبير، الأطراف الضعيفة إلى حد ما مع اضطراب الموصلات العصبية، وبعض المعادن والكورتيزون. وتختلف أعراض وملامح هذا المرض من شخص إلى آخر! فعادة تزحف الأعراض ببطء على المريض، وفي حالات أخرى تظهر فجأة ودون لأي عوامل مثيرة. ولكن.. كيف تكون حالة المريض؟!

أول ملامح مرض الاكتئاب: تزداد أعراض الاكتئاب والحزن في فترة الصباح ثم تتحسن تدريجيًا أثناء اليوم حتى تقل حدتها عندما يأتي المساء. وهكذا يصحو المريض في الصباح وهو يشعر بالانقباض الشديد.. وتقل حدة هذا الإحساس خلال ساعات النهار بالتدريج حتى تختفي في المساء. وعادة تكون شدة هذا الإحساس بسيطة في بادئ الأمر.. فإذا لم يتم العلاج فإن الحالة تزداد شدة.. وكلما تأخر العلاج زادت شدة الحالة.

وهكذا تبدأ الحالة بأن يفقد المريض القدرة على التمتع بمباهج الحياة. ونلاحظ أن الروح المعنوية للمريض في هبوط مستمر، ويلاحظ الجميع أنه قد أصبح «مكسور النفس»! ويبدأ المريض في التساؤل عن أهمية الحياة وعن جدواها، وتحيط به دائمًا سحابة من اليأس والانقباض.. بل والخوف أيضًا، وقد يصاحب ذلك نوبات متكررة من البكاء الهادئ والحزن الدفين. ثم تزداد حدة

هذا الاكتئاب ويحس المريض بفقدان الأمل. وهكذا يتخلل حياته الرعب والخوف.. ويشعر بالارتباك الشديد! ويقول المريض لنفسه: إني أملك كل شيء ومع ذلك لا أستطيع التمتع بمباهج الحياة، لماذا لا يأتي الموت وأستريح؟ الحياة لا تستحق أن أعيشها.. هل كُتب عليَّ أن أعيش سنوات العذاب؟ أسوار الحزن تحيط بي من كل جانب، الأنوار في كل مكان.. ولكن حياتي سوداء.

أما الظاهرة الثانية فهي التغييرات النفسية مثل: بطء التفكير، قلة الانتباه والسرحان، عدم القدرة على التركيز، اختفاء سرعة البديهة، وأحيانًا تتأثر الذاكرة. ومن الملاحظ أن المريض يضخم الأمور البسيطة العادية، إنه يخاف من الموت بسبب هذه السيارات التي تمرق في الطريق، وقبل أن يوقِّع على أي ورقة يشعر بأن هناك عقوبة ما تنتظره، وإذا خرج ابنه فهو دائم التوتر.. إنه يخاف عليه من إصابات الطريق.. والموت الذي قد يداهمه! وقد يبدأ المريض في اتهام نفسه بالخطيئة.. والتلوث الخلقي وارتكاب المعاصي! وتأخذ الأعراض هذا الطابع غير الواقعي: فالسيدة التي تعدى عمرها الخمسين تؤنب نفسها لأنها ابتسمت لابن الجيران الذي لم يتجاوز السادسة عشرة! ويشعر الرجل بتأنيب الضمير.. صحيح أنه الآن في الستين من عمره ولكنه يتذكر بمزيد من الألم هذه الفتاة التي وعدها بالزواج منذ خمسة وأربعين عامًا.. ولم يتزوجها! وهكذا يبدأ المريض التنقيب في الماضي باحثًا عن سبب لهذا الشعور الجارف بالذنب.

١٤١

وقد يتجه المريض إلى اتجاه خاطئ حيث يشعر بالآلام الشديدة في أجزاء مختلفة من جسمه، وتبدأ ٧٠٪ من حالات الاكتئاب بالآلام والشكاوى الجسدية. ويبدأ في زيارة الأطباء شاكيًا من مختلف الأمراض.. وفي كل مرة يقول له الطبيب: أنت سليم! وحالتك نفسية!

وعادة ما تكون هذه الآلام في صورة: صداع دائم في أعلى الرأس، طنين في الأذن، ضيق في النفَس، صعوبة في الهضم، دوار ودوخة، ألم في الساقين والذراعين والكتفين، حرقان في الجلد، ألم في فروة الرأس، يليها الإعياء والإرهاق والتعب ثم صعوبة في التركيز وإنهاء العمل بعد ساعات بدلًا من دقائق. ولذا عادة ما يلجأ للطبيب الباطني وتُجرى عليه أبحاث عدة قبل اكتشاف مرضه، وفي بعض الحالات قد يصل الأمر إلى إجراء عملية جراحية لمريض لا يشكو أصلًا من أي مرض عضوي.. فالألم أصلًا بسبب نفسي. ولكن شدة الألم والخطأ في التشخيص أديا إلى إجراء جراحة لا مبرر لها أصلًا.

وعند الإصابة بهذا المرض نجد أن المريض يشعر بعدم أهميته: أنا غبي.. أنا لا أستحق أي نجاح.. أنا فاشل في الحياة. بل إنه يقول للطبيب: لا تتعب نفسك.. فأنا لا أستحق العلاج.. أولادي أحق بهذه الأموال التي تضيع على العلاج.. أتمنى الموت.. هل تساعدني في التخلص من حياتي؟ وأحيانًا تنتابه أحاسيس غير منطقية لا يمكن إقناعه بعكسها كضلالات العدمية مثل أن معدته لا تعمل، وأن مخه ناقص التكوين، وأن مصرانه الغليظ مسدود!

الظاهرة الثالثة عند الإصابة بمرض الاكتئاب هي: الأرق الشديد.

فقد ينام المريض أول الليل ساعتين أو ثلاثًا ليصحو والكل نائم ثم يعجز تمامًا عن النوم بعد ذلك. كذلك يعاني المريض من حالة فقدان الشهية، وليس غريبًا أن ينخفض وزنه كثيرًا ويصاب بالضعف الشديد ويتم أحيانًا تشخيص الحالة على أنها إصابة بمرض السكر أو الدرن أو السرطان نظرًا للنقص الشديد في الوزن، ويصاحب هذا النقص الشديد في الوزن الإصابة بالإمساك، واضطراب الدورة الشهرية عند النساء، والإصابة بالضعف الجنسي عند الرجال.

ولكن.. كيف يبدو المظهر الخارجي لمريض الاكتئاب؟ إن الحزن يرسم ملامحه على وجه المريض، أما عيناه.. فإنهما تبدوان متعبتين.. والجفن العلوي يبدو ثقيلًا مسدلًا.. أما الجفن السفلي فهو متورم، وتتقوس الحواجب حول هذه العيون الحزينة، وتتدلى زاوية الفم وكأن المريض لا يستطيع أن يرفع فكه، وتظهر على الشفاه علامات الامتعاض واليأس، ويسير المريض وهو مقوس الظهر.. لا يرفع عينيه.. ولا يحرك يديه، كما أنه لا يعرف كيف يعبر عن ذاته: فإذا تكلم فإن صوته يكون منخفضًا.. متهدجًا.. متقطعًا.. والكلمات البسيطة تخرج بصعوبة من فمه!

وأحيانًا يصاب المريض بهبوط حركي، وكسل عام، وخمول ذهني وجسدي وفي بعض الحالات يحدث العكس: حيث يصاب المريض بحالة تهيج وتوتر، وحركة دائمة، بحيث لا يستطيع الجلوس، ويبدأ في السير ذهابًا وإيابًا بدون توقف، وهو يرفض الذهاب إلى العمل والاختلاط بالناس والأصدقاء، ويهمل الاهتمام بمظهره وهندامه ونظافته. ويعتبر

الانتحار من أكثر أعراض الاكتئاب خطورة فالفرد هنا ينهي حياته. فينتحر حوالي ١٠٪ من مرضى الاكتئاب.. وإن كانت هذه النسبة ترتفع في بعض الحالات إلى ١٥٪، ومن المؤكد أن اكتشاف الحالة مبكرًا يمكن أن ينقذ المريض بشكل حاسم من كل هذه المتاعب. ويقال إن حوالي ٧٠٪ من كل حالات الانتحار الناجحة تكون بسبب حالات الاكتئاب التي لم يتم اكتشافها. ولحسن الحظ، فإن نسبة الانتحار في مصر تقل نسبتها عن العديد من بلدان العالم. ففي بحث قمنا به في مصر اتضح أن نسبة الانتحار تتراوح من ثلاثة إلى أربعة بين كل مائة ألف إنسان. وهذه بالطبع نسبة بسيطة إذا قورنت بدولة مثل المجر.. أو دول الاتحاد السوفيتي حيث ترتفع نسبة الانتحار بها إلى ٤٠ من كل مائة ألف. ويتكرر حدوث نفس الشيء في بلدان أخرى مثل ألمانيا.. الدنمارك.. السويد، بل وفرنسا والولايات المتحدة الأمريكية.

ويبدو أن عامل الترابط في الأسرة المصرية بجانب الإيمان بالله يحمي مريض الاكتئاب من اتخاذ قرار الانتحار. ولكن هل من الضروري أن تكون مظاهر الاكتئاب هي العلامة الأولى والأساسية لوجود هذا المرض؟ الرد.. لا!

صحيح أن اسم هذا المرض هو الاكتئاب، إلا أنه أحيانًا قد يظهر الاكتئاب دون سحنة الكآبة، ولذلك يسمى بالاكتئاب المقنع أو الباسم ويكون في هيئة آلام جسدية فقط فيظهر في صورة أرق.. ألم في البطن.. ضعف في القوة الجنسية.. صداع.. قيء.. ويحدث هذا القيء خاصة في الصباح!

وهكذا نلتقي بهذه الزوجة التي تبقى في البيت وترفض الخروج لزيارة الأصدقاء وتفضل البقاء وحيدة في حجرتها، صحيح أنها قد تضحك ولكن كل هذه الأعراض يجب أن تدفعنا للتفكير في احتمال وجود مرض الاكتئاب.

صورة أخرى قد نلتقي بها أيضًا.. إنها صورة الموظف الذي يبدأ في إهمال عمله، تقل كفاءته ونجد أنه يتردد في اتخاذ أي قرار، ويجد صعوبة في التركيز ويشكو من فقدان الشهية.

عندما نسمع هذه الشكاوى يجب ألا ننسى مرض الاكتئاب.

قد نلتقي بمن يشكو من ألم في البطن، أو صداع في الرأس يصاحب هذا الألم القيء وخاصة في الصباح، فمثل هذا الإنسان تصبح حياته لا تطاق ويصاحب ذلك فقدانه للطموح وعدم الاهتمام بأي شيء!

ويشمل كل أفكاره عن الماضي والحاضر والمستقبل السواد والتشاؤم.

هنا أيضًا يجب أن نتذكر مرض الاكتئاب.

ويتناوب مع الاكتئاب أحيانًا نوبات من الابتهاج أو الهوس.

وفي هذه الحالة نجد أن المريض كثير الحركة.. متهيج دائمًا.. عنده حب شديد في السيطرة.. أفكاره متضاربة.. كثير الضحك.. مغرور جدًّا.. عنده إحساس واضح بالعظمة.. وكل هذه الأعراض عكس الاكتئاب تمامًا.

وهكذا قد يصاب المريض بنوبة من الاكتئاب.. وبعدها بنوبة أو

نوبتين من المرح، ويسمى بالاضطراب الوجداني ثنائي القطب. أو يصاب بنوبات الاكتئاب وحدها أو نوبات الابتهاج أو الزهو فقط!

كل هذه الحالات تتحول إلى عذاب مرير يشعر به المريض.. وليس غريبًا بعد ذلك أن يحاول الهروب من هذا العذاب: بالانتحار!

ومن الواضح أن الآلام التي يشعر بها مريض الاكتئاب أقسى من أي ألم جسدي آخر.

فنادرًا ما نسمع عن مريض القلب أو المرض الخبيث أنه انتحر. نفس الشيء يمكن أن يقال عن مريض الكليتين والأمراض المزمنة التي يتواكب في حوالي ٤٠٪ منها بأمراض الاكتئاب.

ذلك يؤكد حقيقة هامة هي: أن ألم الاكتئاب أقسى من أي ألم آخر، ويخطئ من ينظر باستخفاف إلى حالة الاكتئاب، فمريض الاكتئاب يعاني.. ولا يتدلل، ومن الضروري علاجه فورًا!

ولا ذنب لهذا المريض إذا ظلت حالته كما هي، في الوقت الذي تقول له فيه العائلة: شد حيلك!

أما فيما يخص العلاج فيكون بالمداواة والمواساة.. وباستعمال الدواء المناسب يعود المريض إلى حالته الطبيعية بلا مشاكل، وبالطبع العلاج النفسي والمعرفي له أهمية خاصة مع العلاج الكيميائي.

ومن الملاحظ عن هذا المرض أنه يصيب الأذكياء أكثر من متوسطي الذكاء، وهو يكثر بين المهنيين، وينتشر بنسبة أكبر بين المثقفين.

وهناك أكثر من مثال عن قادة عظام.. وأدباء.. وفنانين.. وعسكريين أصيبوا بهذا المرض وتم علاجهم وشفاؤهم أيضًا.

ويمكن القول إن هذا المرض قد أصبح قابلًا للشفاء بعد عام ١٩٥٧، ففي هذا التاريخ تم اكتشاف الأدوية المبهجة، مفرحات النفوس (مضادات الاكتئاب)، فيوجد منها حوالي ٤٢ عقارًا في العالم وتأتي بشفاء لحوالي ٧٠٪ من الحالات، أما في الحالات الشديدة المصحوبة بالسواد والأعراض الذهانية فجلسات تنظيم إيقاع المخ هي الحل، وكان يطلق عليها سابقًا الجلسات الكهربائية أو الصدمة الكهربائية، وهي تعطي نتائج قد تصل إلى ٩٠٪ ويتم إعطاؤها تحت تأثير مخدر وراخٍ للعضلات، ولا يحدث أثناء إعطائها إلا بعض الاختلاجات في الجفون وتتم الإفاقة بعدها بدقائق، وتكون مدة الجلسة من ٤٥ ثانية إلى دقيقة، وبذلك لا يشعر المريض بأي شيء.. وهذا بالطبع على عكس الاعتقاد السائد بأنها مؤلمة.

إن الاكتئاب مرض مؤلم.

ولكن اكتشاف وجود المرض والمسارعة بعلاجه يمكن أن يعطي الشفاء الكامل.. أي السعادة الكاملة لمريض لا يعرف الراحة في الحياة!

ونظرًا لأن هذا المرض معرض للنكسات في كثير من الحالات.. فقد ثبت أن عقار الليثيوم ومضادات الصرع ومفرحات النفوس لها فاعلية في الوقاية من الإصابة بالمرض أو خفض شدته ومدته، وتتراوح مدة العلاج الوقائي حسب عدد النكسات.

دعونا نؤكد للمرضى أن الثورة في علاج الاكتئاب في السنوات

العشر الأخيرة تبشر بجودة حياة الإنسان وعودة الصحة النفسية لسابق عهدها، ولكن يجب قبل أن نبدأ في العلاج أن نطرح سؤالين: هل خلال الشهر الأخير أصبح العالم بالنسبة لك كئيبًا ولا يستحق الاستمرار؟ أو هل خلال الشهر الأخير فقدت القدرة على العمل أو التمتع بمباهج الحياة؟ إذا كانت الإجابة بنعم فلنبدأ باللجوء إلى الطبيب النفسي!

١٧

الذكاء والنجاح وجودة الحياة

اكتشف «أديسون» كيفية توليد الكهرباء. ووضع «أينشتين» النظرية النسبية. وعلى هذا لا يمكن أن يتطرق الشك إطلاقًا إلى ذكائهما. بفضل أفكارهما السامية وعبقريتهما الواضحة دفعا الصناعة والعلم دفعات قوية إلى الأمام. ومع ذلك إذا رجعنا إلى حياتهما الدراسية فسنجد أن المستوى الدراسي لكل منهما كان متوسطًا!

وهكذا يبرز أمامنا السؤال الهام: هل هناك علاقة بين التفوق الدراسي وحدة الذكاء؟ والجواب على هذا السؤال يبدأ بحقيقة واضحة: إن النجاح في المدرسة مرتبط بشكل إيجابي بمعدل الذكاء. وعلى هذا.. فإن معدل الذكاء يرتبط بدرجة النجاح. ولكن العكس غير صحيح.. فالفشل الدراسي لا يعني قلة الذكاء. فهناك ظروف أخرى تتدخل وتلعب دورها في النجاح مثل الظروف العامة للمعيشة.. الجو العام للأسرة.. الصحة العامة.. وجود ظاهرة السرحان.. أو الاهتمام بأشياء أخرى غير الدراسة. وأوضح دليل على ذلك هو: «أديسون».. و«أينشتين».

١٤٩

فقد كان تأخرهما الدراسي لأسباب أخرى بعيدة عن عدم توافر الذكاء.. فوجود الذكاء الخارق مؤكد.

ولكن في نفس الوقت فإن النجاح الكبير لم يرتبط بهذا الذكاء. وقبل أن نستمر في مناقشة هذا الموضوع يجب أولًا أن نحدد الإجابة عن هذا السؤال: ما هو الذكاء؟ الواقع أن للذكاء تعاريف مختلفة.. ولكننا هنا نُعرف الذكاء التعريف النفسي الوظيفي عن طريق الأداء. فالبعض يُعرف الذكاء على أنه القدرة على التعلم. وهناك تعريف آخر هو أن الذكاء عبارة عن القدرة على التكيف. أما التعريف الثالث فهو القدرة على التفكير المجرد.. وأبسط التعاريف هو القدرة على استنباط العلاقات الأساسية، وبالتالي فهو يشمل القدرة على الربط بين الخبرة السابقة والمشكلة الحالية.. كما يشمل التصرف ببعد النظر! وفي الإحصائيات العالمية يتأكد أنه في مختلف بلاد العالم يتم توزيع نسبة الذكاء بين الناس على الوجه التالي: ٦٠٪ من الناس متوسطو الذكاء. ٢٠٪ أقل من المتوسط. ٢٠٪ أكثر من المتوسط. وتم وضع تحديد علمي للذكاء بالأرقام. فالشخص متوسط الذكاء يتراوح ذكاؤه بين ٩٠ و١١٠. أما الشخص الذكي جدًّا فإن درجاته تتراوح بين ١٢٠ و١٤٠، والعبقري فوق ١٤٠. وهكذا عندما نقول: إن درجة ذكاء شخص ما هي ١١٠، فإن ذلك يعني أنه متوسط الذكاء.. وعادة.. يقاس الذكاء بعدة اختبارات يستعمل فيها العامل اللفظي.. عامل الطلاقة.. التذكر.. العامل العددي والعامل التعليلي والعامل المكاني. والواقع أن الإنسان يولد ولديه استعداد خاص وراثي للذكاء. ولا يعني ذلك أن أباه ذكي.. ولكنه مجرد استعداد وراثي

خاص. فالعبقري قد ينجب طفلًا متخلفًا. والعكس بالطبع صحيح! فالذكاء استعداد خاص تشكله وتكونه البيئة. فالمؤثرات الخارجية الموجودة في البيئة تزيد ذكاء الفرد حوالي ١٥ نقطة. والدليل على ذلك التوائم المتشابهة.. فإذا أخذنا أحدهم لينشأ في بيئة تفتقر إلى المؤثرات الخارجية.. بينما تركنا الآخر في بيئة غنية بهذه المنبهات.. فإننا نجد أن ذكاءهما يختلف في حدود ١٥ نقطة.. علمًا بأن ذكاء التوائم المتشابهة متساوٍ.

وأكدت الأبحاث الحديثة أن التأهيل الخاص.. والإثراء المكثف للبيئة.. وتشجيع القدرات والملكات يمكن أن يزيد معدل الذكاء في حدود ٣٠ نقطة. معنى ذلك أنه بالرغم من الاستعداد الوراثي للذكاء.. فإن البيئة تلعب دورًا هامًا. والجدير بالذكر أنه لا يوجد اختلاف بين ذكاء الرجل وذكاء المرأة.. هذا إذا أتيحت نفس الفرص للجنسين. ولكن يحتمل أن تتفوق المرأة على الرجل في بعض القدرات مثل: اللغات.. ومعرفة الكلمات.. والاختبارات الكتابية. أما الرجل فإنه يتفوق في الاختبارات الميكانيكية والحسابية. وبالرغم من أن مخ المرأة ينقص وزنًا عن وزن مخ الرجل بمقدار السدس، فإن ذلك لا يؤثر على ذكائهما إطلاقًا.

فقد وجد أن الذكاء يتساوى بين الرجل والمرأة.. ولكن الاختلاف هنا يكون شخصيًا وليس بسبب الجنس.

كذلك تأكد أن الذكاء لا يختلف بين شعب وآخر. فيتساوى ذكاء الأبيض.. والأصفر.. والأسود.

فإذا حدث فرق ما.. فإن ذلك يكون بسبب العامل البيئي. كذلك..

لا يوجد اختلاف بين ذكاء طفل القرية وطفل المدينة إلا في حدود المؤثرات الموجودة في البيئة. وهكذا نجد أن طفل القرية محروم من المؤثرات الخارجية وإن معايشته في بيئته مع مجموعات على درجة أقل في الذكاء تعرضه عند قياس ذكائه إلى معدلات أقل من طفل المدينة. ولكن.. إذا أعطيت لطفل القرية نفس فرص طفل المدينة.. فإن ذكاءهما يتساوى! ويختلف ذكاء الطفل حسب مهنة الوالد.. وليس للعامل الوراثي هنا الدور المؤثر الكبير.. ولكن عوامل المؤثرات الموجودة في البيئة التي تحيط بالطفل تؤثر بشكل واضح في ذكائه.. وتتضح هذه الحقيقة إذا تمت المقارنة بين طفل يعيش في بيئة ثرية بالمؤثرات وبين طفل ينمو في بيئة كلها جهل.. وخمول فكري.

فالمحامي.. أو المحاسب أو الطبيب يمكن أن يثري بيئة طفله أكثر من نصف المهني أو معدوم المهارة. ومن الضروري الاهتمام بإجراء اختبارات الذكاء. ولعل أقرب فائدة لذلك هي تقسيم التلاميذ حسب درجة ذكائهم. فإذا أخذنا في الاعتبار أن ٦٠٪ متوسطو الذكاء و ٢٠٪ أقل من المتوسط.. فهذا معناه أن ٨٠٪ من الأطفال والشباب يحتاجون إلى نوع من العناية والاهتمام.. حتى لا تتسع الفوارق المؤلمة بينهم وبين ٢٠٪ من الطلاب المتفوقين عليهم من ناحية الذكاء. كما يمكن الاستفادة من اختبارات الذكاء في التوجيه المهني. فهناك المهن التي تحتاج إلى ذكاء لفظي.. ومهن أخرى تحتاج إلى ذكاء حركي. وعلى هذا يمكن توجيه كل إنسان إلى المهنة التي تتفق مع ذكائه. كذلك تساهم اختبارات الذكاء في تشخيص

الأمراض النفسية والعقلية، حيث إن ذكاء الفرد يتشكل ويتغير عند الإصابة ببعض الأمراض. كذلك.. فإن اختبارات الذكاء تفيد في قياس التدهور العقلي الناتج عن وجود أمراض عضوية في المخ. ويلعب الذكاء دورًا أساسيًّا حتى في العلاقات العاطفية. ويحدث كثيرًا في بلادنا أن يتم الزواج دون أن يحدث التعارف الكامل بين الزوجين. وما إن تجمعهما حياة مشتركة واحدة حتى يتم الطلاق العاطفي بينهما. صحيح أنهما يعيشان معًا.. ولكن كل واحد منهما ينفصل عن الآخر ويعيش حياته الشخصية المستقلة. والسبب الوحيد لهذا الطلاق العاطفي هو: الاختلاف الواضح في مستوى الذكاء.

فلا شك أن انسجام الشخصيتين يعتمد أساسًا على اقتراب مستوى الذكاء عندهما. وصحيح أن الذكاء له أهميته في تحديد مستقبل ونجاح الإنسان.. إلا أنه يوجد شيء آخر غير الذكاء يلعب دورًا أساسيًّا ونسميه القدرات.

وهكذا قد تتساوى معدلات الذكاء.. ولكن تكون هناك اختلافات واضحة بين الأفراد في هذه القدرات.

فيمكن القول مثلًا إن هناك العالِم المعتوه! إنه متخلف عقليًّا ولكنه يملك قدرة خاصة في الموسيقى أو الميكانيكا. وهكذا لا يوجد الترابط بين نقص الذكاء والقدرة الفائقة على الأداء. كذلك يوجد ما نسميه بالفلتات الحسابية بالرغم من وجود تخلف عقلي.. أو ربما عدم القدرة على التفوه بأكثر من ألفاظ بسيطة.

مثل هؤلاء قادرون على إجراء عمليات حسابية معقدة لا يستطيع الفرد العادي إنجازها إلا بالأجهزة الحاسبة! والعكس يمكن أن

يكون صحيحًا؛ حيث تجد أن الطفل عاجز عن القراءة بالرغم من ذكائه الواضح! وهكذا تتعدد القدرات، ومع ذلك نجد أن نفس هذا الطفل عاجز عن القراءة. وللأسف فإن الخطأ قد يقع.. ويتم تشخيص مثل هذه الحالة: تخلف عقلي! ولكن إذا تم قياس الذكاء لوجدنا نفس هذا الشخص متوسطًا أو حتى مفرط الذكاء وإن كان عاجزًا عن تعلم القراءة! وهكذا يمكننا تلخيص كل ما سبق في النقطة التالية: عند أي شخص ذكي.. يوجد ترابط إيجابي بين العديد من القدرات. فالإنسان الذكي متعدد القدرات يستطيع القيام بعدة إنجازات بنجاح واضح: فقد ينجح في العمل والإدارة والدراسة والفن. وبالرغم من وجود هذا الترابط الإيجابي في القدرات فقد يكون على مستوى مرتفع في عدة قدرات ولكنه ينبغ في قدرة واحدة! كذلك قد يغيب الترابط الإيجابي في بعض القدرات.. فالجرَّاح ينبغ في إجراء العمليات الجراحية بمهارة واضحة ولكنه يفشل تمامًا في إصلاح سيارة!

كذلك قد يكون الشخص على كفاءة عالية في العمليات الحسابية ولكنه يفشل في إصلاح عطل كهربائي بسيط! وقد قامت أحدث الهيئات العلمية بدراسة حديثة جمعت خلالها المعلومات الخاصة بأربعمائة من مشاهير الرجال ممن عاشوا الفترة من القرن التاسع عشر إلى القرن العشرين واهتمت بسلوكهم خلال فترة الطفولة وبدء تعلم القراءة والكتابة.. وميولهم.. كما سجلت الحوادث التي كان لها تأثير على نموهم. وتم إعطاء هذه المواد التي جمعت لثلاثة من الإخصائيين النفسيين.. لفحصها وتقييمها.. وتم تحديد معدل

الذكاء لكل عبقري.. وكان متوسط الذكاء في هذه المجموعة لا يقل عن ١٥٤، وفي بعض الحالات ١٦٥.. مثلًا.. تم تقدير معامل الذكاء لـ«جالتون» ٢٠٠، و«داروين» ١٥٠، و«بيرون» ١٥٠. أما «جوته» و«جون ستيوارت» و«باسكال» فقد كان معدل الذكاء يزيد على ١٨٠. وقد اتضح من هذه الدراسة أن معدل الذكاء يكون عاليًا بين الفلاسفة.. ويليهم الشعراء ورجال السياسة.. ثم العلماء.. ثم الموسيقيون.. وأخيرًا القادة.

وأخيرًا.. من الضروري أن نذكر الحقيقة التالية: تقسم حاجات الإنسان في هذا العالم إلى خمس مراحل ولا يمكن تحقيق مرحلة إلا بعد إشباع المرحلة التي تسبقها. أولى هذه المراحل ما يسمى بالحاجات العضوية. فكلنا يحتاج إلى الطعام والشراب والإفرازات.. وهذا بالطبع شيء طبيعي حتى تستمر الحياة. ثم تأتي الحاجة إلى الانتماء.. هنا تكون الرغبة في الإحساس بالانتماء إلى أسرة.. إلى مجتمع.. إلى دين.. إلى وطن. بعد ذلك نصل إلى الحاجة إلى المعرفة.. هنا يحتاج الإنسان إلى ذكاء خاص حتى يشبع حاجته إلى المعرفة. فالشخص متوسط الذكاء ـ ومن هو أقل من المتوسط ـ لا يحتاج في حياته إلا إلى إشباع الحاجات الثلاث الأولى وهي: الحاجات العضوية.. الأمن.. ثم الانتماء. أما هؤلاء الذين أنعم الله عليهم بنعمة الذكاء فإن حاجتهم المعرفية تدفعهم إلى البحث عن الحقيقة والبحث عن العلم. وآخر مراحل حاجات الإنسان التي نستطيع أن نقول أثناء البحث عنها إنه قد حقق فيها ذاته، فهي إشباع الحاجات الجمالية. إنه هنا يبحث عن تذوق الجمال.. ويستمتع

بإبداع الله.. وتذوقه للموسيقى.. ليس باعتبارها نوعًا من الطرب أو التسلية ولكن كعمل جميل.

تذوقه للمعرفة.. ليس لادعاء المعرفة ولكن حبًا لجمال المعرفة. وبالطبع لا يستطيع إنسان جائع أو غير آمن أن يبحث عن بهجة المعرفة والجمال. فمن الضروري إشباع كل حاجة قبل الانتقال إلى الحاجة التي تليها.

وهكذا.. فإن الذكاء يمكن أن يصل بالإنسان إلى إشباع كل هذه الحاجات واحدة بعد الأخرى.. حتى يصل إلى قمة تحقيق الذات بالوصول إلى بهجة المعرفة... وبهجة الجمال!

ولكن.. هل معنى ذلك أن تحقيق السعادة للإنسان لا يتم إلا من خلال وصوله إلى بهجة المعرفة وبهجة الجمال؟ الجواب: لا.. فالذي يحدد ذلك هو مجموعة عوامل منها: درجة الذكاء. فإذا طلبت من شاب متوسط الذكاء أن يدرس ليصبح مهندسًا مخترعًا، فأنت تدفعه إلى التعاسة.. فهو لن يحقق الهدف ولن يحقق الإشباع ولن يصل إلى السعادة. وعندما يصر الوالدان على أن يحصل ابنهما على الثانوية العامة ويدخل كلية الطب بالرغم من أن ذكاءه أقل من المتوسط فإنهما بذلك يحولان حياته إلى عذاب.. وفشل.. ودموع!

هنا يجب أن يكون الهدف مناسبًا للقدرات! فإذا كان الهدف مناسبًا للقدرات... كانت السعادة الكاملة مهما كانت درجة الذكاء منخفضة.

فإذا تحققت السعادة. ماذا يريد الإنسان له ولابنه أكثر منها؟! وجدير بالذكر هنا ما يسمى بالذكاء العاطفي، أي قدرة الشخص على

الجاذبية الجماهيرية (الكاريزما) وإشعاع دفء العواطف، فالذكاء الأكاديمي يؤهلك للحصول على الشهادات، أما الذكاء العاطفي فهو أساس النجاح في الحياة، فالرئيس «كيندي» و«ريجان» كانا متوسطَي الذكاء الأكاديمي، ولكن مقياس الذكاء العاطفي كان عاليًا، والعكس «كارتر» كان معدل ذكائه ١٤٠، ولكن كان ذكاؤه العاطفي متوسطًا، ونستطيع أن نجد الفروق في الذكاء العاطفي بين الرئيس عبد الناصر والسادات ومبارك.

١٨

السعادة النفسية

ما هي الصحة النفسية؟ وما هي السعادة النفسية؟ مرة أخرى تختلف الآراء وهي تواجه مثل علامات الاستفهام هذه.. فهناك من ينادي بأن الصحة النفسية هي التوافق مع المجتمع في القيام بالمسؤولية والإنتاج. غير أن هذا غير صحيح. فلو كانت الصحة النفسية كذلك.. لما ظهر الفنانون والمخترعون والعلماء. إن هؤلاء عادة يخالفون المجتمع وتقاليده.. وهكذا فإن التوافق مع المجتمع يلغي تمامًا التطور!

ويقول البعض الآخر: الصحة النفسية هي القدرة على العطاء والحب دون انتظار لمقابل. ويفسرها البعض الآخر: إنها التوازن بين الغرائز والرغبات الخاصة.. والذات.. والضمير! وأحيانًا.. نعرف الصحة النفسية على أنها القدرة على التأرجح بين الشك واليقين. فالتأرجح يمنح الإنسان المرونة فلا يتطرف إلى حد الخطأ.. ولا يتذبذب إلى حد الإحجام عن اتخاذ أي قرار. فالتأرجح يوفر

للفرد المعادلة والقوة اللازمتين للانطلاق والخلق والتمتع والتكيف. ويذهب بعض رواد المدارس الجديدة في علم النفس إلى أن الصحة النفسية هي التآزر والتوافق بين الطفل والمراهق والأب في كل منا. فنحن لا ننمو بطريقة رأسية من الطفولة إلى المراهقة حتى نبلغ النضج. ولكن يستمر في كل منا الطفل أحيانًا.. والمراهق أحيانًا.. والناضج أحيانًا أخرى! فإذا تغلب الطفل في سلوكنا طغى الاندفاع وعدم التجانس والتلقائية والبعد عن التخطيط. وإذا سيطر المراهق اندفعنا وراء نزواتنا ولذاتنا وغدونا تحت سيطرة اللذة المستمرة. أما إذا تغلب الناضج فينا وسيطر.. بدت الحياة جادة.. صارمة.. تضافرت شحناته كلها لكبت الطفل والمراهق بداخله. على هذا الأساس فالتوازن بين الثلاثة: الطفل والمراهق والأب في حياتنا هو أساس الصحة النفسية.. والسعادة النفسية والوصول إلى الغاية. والواقع أن إحساس الإنسان بالسعادة يعني ابتعاده عن القلق والتوتر. ولكي يكون الإنسان بعيدًا عن القلق والتوتر يجب أن يكون في حالة تآزر مع ذاته.. ولا يمكن أن يحدث ذلك من خلال نفسه ولكن من خلال تجاربه مع المجتمع. فأساس السعادة النفسية هو إحساس الفرد بانتمائه.. انتمائه إلى أسرة... عقيدة.. مجتمع.. وطن... فالإنسان لا يشعر بالسعادة إلا إذا حقق ذاته. وتحقيق الذات لا ينبع من الامتلاك ولا من المال... ولا من القوة.. ولا حتى السيطرة! ولكن ينبع من أساس أنه يخدم فكرة معينة.. ينتمي إلى شيء مع من حوله.. وأن امتداده سيستمر حتى بعد وفاته.. ولا يمكن أن يحدث ذلك إلا بعملية الانتماء العقائدي الأسري، الديني، والإنساني الذي

يجُب كل الانتماءات. لقد تقدم العلم وتطورت الحضارة.. واكتشفنا الكثير من أسباب المرض النفسي والعقلي.. وأصبحت مباهج الحياة ومغرياتها بلا نهاية.. واستغرق الإنسان في الاستمتاع بنهم بكل ما تصل إليه يده. غير أن هذا لم يَحُل دون وجود المرض النفسي والعقلي.. ولم يكُف الإنسان عن المعاناة أو التفكير في مأساته اليومية. لقد ثبت أن العلم وحده عاجز عن إسعاد الإنسان. لكن سوف يسترد الإنسان سعادته وسكينته إذا عاد للإيمان.. والانتماء! لقد ثبت أن خير وسيلة لمقاومة القلق والاكتئاب هي أن يعيش الفرد في نسيج اجتماعي صحي وأن يسعد بالإنجاز.

١٩
النوم والأحلام والسعادة

يعتقد بعض الناس أن النوم حالة من الوفاة.. أو الانعدام.. أو السلبية.. ولكن الحقيقة غير ذلك.

فهناك أنشطة عديدة تحدث أثناء النوم:

مثلًا تستمر حركات الجسم وتقلباته.

يزيد مجرى الدم في المخ أثناء النوم عنه أثناء اليقظة.

ينشط الجهاز «الباراسمبثاوي» في الجهاز العصبي اللاإرادي. وليس غريبًا أن بعض المشاكل الفكرية والانفعالية نجد لها حلًا أثناء النوم.

وأحيانًا يبدو على النائم أنه غير منتبه.. إلا أن عدم الانتباه يأخذ مجرى انتقائيًا.

فالأم تنام نومًا عميقًا وحولها ضجيج الشارع أو الراديو.. ولكنها تصحو في الحال عند سماع بكاء طفلها.

معنى ذلك أن هناك أجهزة معينة في حالة نشاط.. هذه الأجهزة مخصصة لالتقاط منبهات معينة مثل صوت الطفل مثلًا.

والنوم له أنواع عديدة.. في الصحة والمرض.. وقد يكون منعشًا مستمرًا.. أو على النقيض يكون متقطعًا ومجهدًا، ومن ناحية أخرى قد يكون خاليًا من الأحلام.

أو على العكس.. قد يقضي النائم معظم الوقت وهو يحلم. وأحيانًا تكون هذه الأحلام من النوع الحسن.. أو من النوع السيئ. وبعد ولادة الطفل مباشرة.. نجد أنه يقضي كل ساعات اليوم الأربع والعشرين وهو نائم.. ولا يصحو إلا ليرضع.. أو عندما يحس بأي ألم، ثم تتناقص ساعات النوم بالتدريج إلى حوالي سبع أو ثماني ساعات في الشخص البالغ.. ثم تقل بالتدريج عند الشخص المسن.

ولكن.. من الممكن أن نقول عن متوسط عدد ساعات النوم الطبيعية للشخص البالغ أنها من أربع إلى عشر ساعات يوميًّا.

وفي أحد الأبحاث الحديثة تم عمل مقارنة بين الأفراد الذين ينامون أكثر من تسع ساعات. اتضح أن هؤلاء الذين ينامون أقل لديهم قدرة متفوقة على المثابرة والكفاح والإصرار.. وأنهم أقل عرضة للمرض النفسي من هؤلاء الذين ينامون أكثر من تسع ساعات، وهؤلاء عادة ـ أصحاب النوم الكثير ـ يصابون بالقلق والاكتئاب، وقد أثبت العلم الحديث أن النوم ليس نوعًا واحدًا كما نعتقد.. فهو على الأقل نوعان مختلفان.

النوع الأول: وهو يسمى بالنوم الكلاسيكي أو النوم السوي. وخلال هذا النوم لا تتحرك العين بسرعة.. وعادة تكون أجهزة الجسم في حالة هدوء فتقل حركة التنفس وضربات القلب وضغط الدم وإفرازات المعدة.

النوع الثاني: يسمى النوم الحالم.. وخلال هذا النوم تتحرك العين بسرعة وتحدث أثناءه الأحلام كما تحدث في الجسم عدة أنواع من النشاط:

فحركة التنفس تزداد وكذلك سرعته.

ازدياد ضغط الدم.

زيادة إفراز المعدة.

وكذلك طرد الذاكرة غير المهمة التي تتراكم في المخ أثناء النهار. كما تحدث زيادة في كمية الدماء التي تصل إلى الأوعية الدموية للأعضاء التناسلية مما يؤدي إلى الانتصاب.. وحدوث الأحلام الجنسية.

ويتعاقب النوعان في دورات ثابتة لكل شخص.. فيحدث النوم الحالم مرة كل تسعين دقيقة.. ويستمر عشرين دقيقة في كل مرة ويقضي النائم بذلك حوالي ٢٥٪ من فترة النوم في هذا النوع من النوم الحالم.

ونحن نسمع ونرى أثناء نومنا من الأحلام، أي نعاني من هلاوس سمعية وبصرية ونكون بعيدين عن الواقع.. وهو ما يحدث في الأمراض العصبية أثناء اليقظة.

أما النوع الأول فهو يحدث في أول الليل بكثرة.. بينما تطول فترات النوع الثاني في آخر الليل.

وقد لوحظ أن الإنسان يستطيع أن يقلل أو يزيد من النوع الأول في حدود كبيرة دون أثر يذكر.

أما النوع الثاني فإن كميته دائمًا ثابتة.. ولو أن هناك بعض الأدوية تقلله جدًّا!

والآن نصل إلى هذا السؤال الهام:

لماذا ننام؟

لقد اختلف الكثيرون حول الإجابة عن هذا السؤال.. فقال البعض إن الإنسان يظل يقظًا بسبب المنبهات الخارجية التي تحيط به، والتي يشعر بوجودها عن طريق أجهزة الإحساس المختلفة.. وأن النوم يبدأ عندما تقل هذه المنبهات عند درجة معينة يصبح بعدها الإنسان قادرًا على النوم.

وكان البعض يعتقد أن مواد سامة أو شبه سامة تنتج من العمليات الحيوية في الجسم.. وتؤدي بالتالي إلى النوم.. وهكذا كلما زادت كمية هذه المواد في الجسم وتراكمت.. شعر الإنسان بحاجة أكبر إلى النوم! ولكن أحدث ما أكدته الأبحاث أن ظاهرة النوم ليست عجيبة ولكن العجيب هو: كيف نستيقظ!

فلو فهمنا السر المختفي وراء حالة اليقظة، لاستطعنا على الفور أن نقول إن اختفاء هذه الحالة هو النوم ذاته!

ومن المعروف أن هناك مراكز عليا في الدماغ تتحكم في أنشطة الجسم المختلفة مثل التنفس.. الشهية.. ضغط الدم، إلخ، إلخ. ولقد اعتقد العلماء سابقًا أن هناك مركزًا علويًا يتحكم في النوم.

ولكن الذي ثبت عكس ذلك.. فقد تأكدوا من وجود مركز يتحكم في اليقظة.

هذا المركز يسمى «التكوين الشبكي» وهو موجود في جذع المخ. هذا المركز يحفظ الإنسان مستيقظًا، فإذا ما انتهى من عمله.. جاء النوم على الفور!

على هذا الأساس يمكن أن يغزونا النوم بطرق مختلفة.

البعد عن الضوضاء.. الرتابة.. الهدوء.. يوقف مركز اليقظة عن العمل، ونحن نستيقظ عند وصول منبه ما قد يكون ألمًا.. وينتقل هذا المنبه عن طريق المسارات العصبية حتى يصل إلى جذع المخ وينقله التكوين الشبكي إلى الرأس فيستيقظ على الفور إذا كان المنبه قويًّا!

وكثيرًا ما يسأل الإنسان: هل الحلم ملون أم أبيض وأسود؟ وتفيد أبحاث معامل النوم أن كل الأحلام ملونة، ولكن يحدث نسيان اللون عند تذكر الأحلام صباحًا وكأن المخ لا يحتفظ بالألوان إلا لمدة قصيرة، لذا إذا بدأت الأحلام في معمل النوم وتم إيقاظ النائم فسيتذكر الحلم بألوانه، وفي الصباح إذا تذكر فسيكون أسود وأبيض... سبحان الله!

إن أكثر الاضطرابات النفسية انتشارًا هي اضطرابات النوم، فقد وجِد أن ٣٠٪ من مجموع أي شعب يعانون من اضطرابات في النوم من الأرق إلى كثرة النوم إلى الفزع الليلي إلى الكوابيس إلى الجوال الليلي، إلخ.

٢٠
الأحلام

الحق أن موضوع الأحلام.. من الموضوعات التي تثير كل الناس!
وقد تناول الفلاسفة وأطباء النفس هذا الموضوع منذ أقدم
العصور، هذا فضلًا عن المعتقدات الشعبية التي ورد ذكرها في
الأساطير والقصص.

والكتب القديمة في تفسير الأحلام.. تؤكد أن للأحلام قيمة كبيرة
في التنبؤ بالأحداث التي ستقع في المستقبل، بل وكان قدماء الأطباء
يحرصون على معرفة الأحلام التي تتراءى للمريض وهو نائم، وذلك لكي
يستعين بها الطبيب في تشخيص حالة مريضه؛ فمعرفة الأحلام يمكن أن
تكشف عن نوعية ومزاج هذا المريض وهكذا يسهل على الطبيب معرفة
الاضطرابات والأمراض التي يرتبط حدوثها مع نوع شخصية المريض.
وأقرب مثال على ذلك ما كتبه الطبيب العربي الكبير أبو بكر الرازي
في كتابه «الطب المنصوري» في فائدة الأحلام في التشخيص والعلاج!
ومهما كانت قيمة التأويلات التي قيلت في تفسير الأحلام فإن

النقطة الأساسية التي تسترعي انتباهنا هي أن الإنسان اعتقد دائمًا أن للأحلام دلالة.. وأنها تؤدي وظيفة.

وقد تعاقبت النظريات.. حتى جاء «فرويد» ونشر كتابه في ضوء نظرية التحليل النفسي وبيَّن أن الأحلام بوجه عام إشباع رمزي لرغبات مكبوتة.

وهذه الحقيقة أصبحت راسخة لا تقبل الجدل.

ولكن الثورة الحقيقية في تفسير الأحلام جاءت عند اكتشاف رسام الدماغ الكهربائي وصار في استطاعتنا أن نسجل نشاط المخ أثناء النوم وتم اكتشاف نوعَي النوم: النوم السوي الهادئ.. والنوع الآخر وهو النوم الحالم.

فقد ثبت خلال هذا الاكتشاف أن نشاط المخ يتغير أثناء النوم الحالم، وأن هذا النشاط الكهربائي في المخ له أهمية واضحة في الصحة النفسية والعقلية للفرد لأنه كما ذكرنا سابقًا أن هذه الفترة الحالمة تحتل ٢٠٪ من زمن النوم.

فماذا يحدث إذا حرمنا الإنسان من النوم؟

أو ماذا يحدث إذا حرمناه من النوم الحالم؟

أُجريت هذه التجربة بالفعل على مجموعة من المتطوعين.. وكانت النتيجة أنهم بدأوا في المعاناة من خداعات بصرية.. تحولت بالتدريج إلى هلاوس.. مع صعوبة في التركيز واعتقادات خاطئة.. واضطرابات في الإدراك.

وقد أجرى بعض الباحثين هذه التجارب على قط.. حيث تم استئصال مخ هذا القط دون المساس بالنخاع المستطيل الذي يحوي

المراكز الخاصة بالتنفس والقلب، فظل القط في حالة صحو لمدة عشرة أيام ثم مات.

ومعنى هذا.. أن وظيفة النوم من الوظائف الحيوية كالتغذية والتنفس أساسًا.

ثم قام الباحثون باستئصال التكوين الشبكي في جذع المخ فقط وترك كل المخ في حالة سليمة.

وهكذا وجدوا أن القط ينام النوم الهادئ السوي.. ولكن لا يصاحبه ذلك النوم الحالم.. والذي يؤدي إلى حدوثه التكوين الشبكي الذي تم استئصاله.

وعند استئصال هذا التكوين الشبكي أو القيام بعملية كي لإيقاف وظيفته، وجد أن القط ظل طبيعيًا لمدة أسبوع واحد ثم بدأ يضطرب، وكأن الحيوان قد وقع فريسة لأوهام ضخمة.. وهكذا بدت عليه علامات الخوف والغضب، وأخذت هذه الهلاوس تزيد يومًا بعد يوم حتى مات القط من الإنهاك.

كل هذا يعني أن وجود النوم الحالم له وظيفة هامة وقوية في الصحة النفسية!

فمثلًا في حالات الاكتئاب يزداد هذا النوم الحالم وتصاحبه الهواجس والأحلام الكئيبة والأرق طوال الليل.

كما أن العقاقير المبهجة.. أو مضادات الاكتئاب أو جلسات الكهرباء تقلل من هذا النوم الحالم، وتعيده إلى طبيعته، فتوازن العملية النفسية البيولوجية التي تحدث أثناء النوم ويختفي الاكتئاب ويعود المريض إلى صحته!

في الحالات التي لا تشفى بالعلاجات العادية.. يوجد علاج حديث.. هذا العلاج هو حرمان المريض المكتئب من النوم تمامًا يومين أو ثلاثة.

وقد لوحظ أن ذلك يقلل كثيرًا من النوم الحالم ويحدث التوازن بين النوم السوي والنوم الحالم ويحتمل أن يعيده ذلك إلى حالته السوية وتعود إليه صحته العادية ويختفي الاكتئاب.

قد يقول البعض إنه لا يحلم إطلاقًا، ولكن في معمل النوم إذا تم إيقاظه عند الأحلام يتذكرها ثم ينام، وفي الصباح لا يتذكر هذه الأحلام.

إن الحلم يقوم بدور حيوي في إزالة الذكريات غير الضرورية، لكي يبدأ في الصباح في حالة نشطة قادرًا على مواجهة الحياة.

٢١

القلق والاكتئاب وراء الضعف الجنسي

ـ ما هي الأسباب الحقيقية وراء حدوث الفشل في العلاقة الزوجية؟

ـ في مخ الرجل تبدأ كل المتاعب في العلاقة الزوجية.

ـ ما هو الطريق الصحيح لعلاج حالات الضعف الجنسي؟

لماذا فشل «تشايكوفسكي» في زواجه؟

كان ناجحًا في عالم الفن، إنه الموسيقار الروسي «تشايكوفسكي» الذي ألف الكثير من السيمفونيات والباليهات والكونشرتات.. والأوبرات! كان أستاذًا لامعًا في معهد الموسيقى في موسكو، ومع كل هذا النجاح الفني لم يسعد بعلاقة عاطفية، فزواجه القصير انتهى بالفشل، والعلاقة الوحيدة التي استمرت في حياته كانت سيدة ثرية تكبره في العمر بعدة أعوام كانت ترعى أعماله الفنية.. وتصرف له المعاش المالي الذي يضمن له حياة مرفهة. ولكن اقتصرت العلاقة

١٧٠

بينه وبين هذه السيدة على المجال الفني فقط. نعود إلى زواجه القصير ونسأل: لماذا فشل هذا الزواج؟ قال البعض: إنه الفشل الجنسي، وقد مات هذا الموسيقار العظيم عندما شرب الماء الملوث بميكروب الكوليرا، وقيل إنه فعل ذلك عامدًا.. حتى يتخلص من حياته بعد أن فشل في إقامة علاقة سليمة بالجنس الآخر. كذلك يقال إن سبب ضعفه الجنسي كان وراءه ميله لإقامة علاقة مع نفس الجنس، وأنه كانت له علاقات متعددة مع رجال في فترات مختلفة من حياته.. وهكذا فشلت علاقاته مع الجنس الآخر.. وأصيب بالضعف الجنسي.

كان هذا السرد مجرد بداية لحديثنا عن الضعف الجنسي. من المألوف إذا أصيب الرجل بالضعف الجنسي أن يبدأ رحلة العلاج في عيادة لعلاج الأمراض التناسلية.

وهنا يقول البعض: إننا أمام حالة التهاب في البروستاتا.. أو تضخم بها.

وتبدأ سلسلة من الأبحاث.. ويبدأ العلاج بعمل تدليك للبروستاتا وكذلك جلسات كهربائية.. ولكن.. حتى ينجح العلاج يجب أن نعرف أولًا هذه الحقائق:

في معظم الحالات.. تنبع حالات الضعف الجنسي من مخ الإنسان، ففي المخ مراكز متخصصة تتحكم في القوة الجنسية.. اللذة.. نوعية الإثارة. ومن هنا يمكن أن نؤكد هذه الحقيقة: أهم أسباب الضعف الجنسي هو القلق والاكتئاب النفسي. وأمامنا تفسير للكثير من المراحل الخاصة باللقاء الجنسي: ففي خلال عملية

الانتصاب.. يحدث تضخم في الأوعية الدموية في المناطق الجنسية. أما عملية القذف.. فما هي إلا نقص في تمدد الأوعية الدموية التي تتغذى بالجهاز العصبي اللاإرادي. هذا الجهاز المركزي تتحكم فيه غدة خاصة بالمخ (الهيبوثلاموس). وهذه الغدة في وسط منطقة الانفعال. معنى ذلك أن القلق والاكتئاب بكافة أنواعهما من خوف.. إلى توتر.. إلى رهبة.. إلى شعور بالذنب.. كل هذه العوامل قد تؤدي إلى حدوث اضطراب في هذا المركز المخي. وهكذا يسبب هذا الاضطراب حدوث الضعف الجنسي عند الرجل.. أو البرود الجنسي عند المرأة. فإذا استعمل مثل هذا المريض الهرمونات مثلًا.. فإنها لا تفيد! وأؤكد هنا أن ٩٠٪ من حالات الضعف الجنسي سببها القلق والاكتئاب النفسي! ولعل أقرب مثال على ذلك هو هذا الضعف الجنسي الذي يحدث في شهر العسل! فالعريس هنا ليس له أي خبرة سابقة، والعروسة تعاني من نفس النقص. وفي نفس الوقت مطلوب من هذا العريس المرتبك أن يثبت رجولته في أول أيام شهر العسل.. هذا بالرغم من الإرهاق النفسي والجسدي الذي يعاني منه بعد إجراءات الاستعداد للزواج.. فإذا عرفت الأم في اليوم التالي للزواج أن شيئًا لم يحدث فإنها تسخر من العريس.. الذي يصاب بالقلق على نفسه.. ويزداد بذلك احتمال فشله في اليوم التالي! أما بالنسبة للفتاة.. فإنها تكون مرعوبة من هذا اللقاء الغامض الذي سمعت عنه كثيرًا. وهكذا لا تتعاون مع عريسها عند إتمام اللقاء، وتكون النتيجة الفشل. والفشل الأول يؤدي إلى القلق، والقلق يؤدي إلى فشل آخر.. وهكذا ينتهي الأمر بإحساس الرجل

بأنه غير قادر على الاستمرار في المحاولات الفاشلة.. ومن هنا يبدأ في البحث عن علاج.

وفي الريف المصري يقال إن العريس مربوط! وإن السبب في هذا الفشل هو السحر، وهكذا يذهب إلى أحد الشيوخ ليعطيه الحجاب وبعض النصائح التي قد تهدئ من قلقه النفسي.. والتي في بعض الأحوال تجعله قادرًا على استعادة ثقته بنفسه، وهكذا ينجح زواجه ويستمر! أما في المدينة.. فإن مثل هذا الزوج يذهب إلى الطبيب النفسي، هنا يكون العلاج نفسيًّا.. ويستعمل الزوج الأدوية المضادة للقلق أو الاكتئاب.. وذلك بعد أن يفهم الزوج جيدًا السر في الحالة التي أصابته. ولكن.. هل القلق وحده من بين الأمراض النفسية هو الذي يؤدي إلى حدوث الضعف الجنسي؟ الرد: لا!

فالمعروف أن مريض الاكتئاب يفقد أيضًا القدرة والرغبة في العلاقة الجنسية.. وهنا يجب أن نفرق بين الرغبة والقدرة. فمريض الاكتئاب يفقد الرغبة والقدرة معًا. أما مريض القلق، فإنه يملك الرغبة لكنه يفقد القدرة! إنه يريد ولكنه غير قادر.. وفي بعض الحالات يفسر المريض اكتئابه بأنه بسبب الضعف الجنسي.

بينما يكون العكس هو الصحيح.. فالضعف الجنسي قد يحدث بسبب الاكتئاب.

وبالطبع فإن العلاج النفسي في هذه الحالة يعطي الشفاء.. وتعود إلى الرجل قدرته ورغبته.. فالشفاء هنا مضمون.

وأحيانًا يكون الفشل في الحياة الزوجية بسبب حالة الرجل الذي تزوج حتى يخفي رغباته في أن تكون علاقاته الجنسية مع رجل مثله!

وهكذا تكون كل أحلام اليقظة أو أحلام الليل عبارة عن علاقة مع رجل من نفس جنسه. وإن كانت ممارسة هذا الشذوذ لم تتم بالفعل! مثل هذا الرجل يهرب من مثل هذه الأحلام بالزواج! إنه داخليًا لا يميل إلى المرأة.. ولهذا ليس غريبًا أن يشعر بعدم الرغبة في قيام علاقة معها.. وينعكس ذلك على قدرته حيث يعاني من الضعف الجنسي! وفي حالات أخرى يكون للعريس علاقات فعلية مع رجال مثله.. ولكنه يريد أن يخفي وجود هذه العلاقات فيتزوج.. وليس غريبًا أن يصاب بالضعف الجنسي.

ومن الجدير بالذكر.. أن هناك من يتزوج وينجح مع زوجته وفي نفس الوقت تكون له علاقته برجل آخر! وقد يحدث نفس الشيء بالنسبة للمرأة: أنها قد تميل إلى امرأة أخرى.. وعلى هذا ترفض الزواج من رجل.. ولكن تحت الضغط والإلحاح تتزوج لتعاني من البرود الجنسي.. فهي أصلًا لا ترغب في قيام علاقة مع رجل وإنما تفضل أن تكون نفس هذه العلاقة مع امرأة مثلها.

ولا ننسى هنا التردي في الأخلاقيات الذي حدث في الغرب حديثًا، بالموافقة على زواج الرجل بالرجل والمرأة بالمرأة، والسماح لهم بتبني طفل، بل والحصول على المعاش في حالة وفاة أحدهما.. أستغفر الله.

كذلك هناك أمراض أخرى تؤدي إلى حدوث البرود الجنسي عند المرأة.. أو الضعف الجنسي عند الرجل. إنها الأمراض الهستيرية.. وبعض الأمراض العضوية التي تصيب الجهاز العصبي مثل مرض السكر وشلل الساقين.

وفي النهاية نعود لنؤكد أن معظم حالات الضعف الجنسي: نفسية! فهي إما قلق.. أو اكتئاب.. أو شعور بالذنب.. أو هروب من انحراف أو شذوذ. وكل هذه الحالات قابلة للعلاج إذا جاءت في الوقت المناسب. ويكون علاج الضعف الجنسي عبارة عن عملية تعليمية لفهم عملية الجنس. وكذلك في نفس الوقت عملية نفسية لإزاحة القلق والاكتئاب والتوتر والخوف والرهبة. ويستعمل أخيرًا العلاج السلوكي في علاج الضعف الجنسي.. ويبدأ ببعض الثقافة الجنسية للطرفين.. ثم اكتشاف المناطق الشبقية ثم كيفية إثارتها. وأخيرًا بعد كل هذه المقدمات التي قد تستغرق أسبوعين تبدأ العلاقة الجنسية.. ودائمًا أقول لمريض الضعف الجنسي إن التفكير في سرعة ضربات القلب يؤدي إلى ازدياد هذه السرعة. والتفكير في سرعة التنفس يخل بانتظامه. وكذلك.. التفكير في العملية الجنسية واحتمال فشلها يؤدي بالفعل إلى ذلك. وهكذا يساعد الطبيب مريض الضعف الجنسي على إزالة خوفه وتوتره بالعلاج النفسي والدوائي بمضادات القلق والاكتئاب.. ويبعده عن التفكير في هذه المشكلة.. وبذلك يستعيد المريض قدرته ورغبته الكاملة.. فخير مَن يقوم بالعملية الجنسية هو مَن لا يفكر في كيفية القيام بها.

٢٢

أثر النظام التعليمي في مصر على الصحة النفسية للمرأة.. إحباط واكتئاب!

حين نتحدث عن الصحة النفسية، يجب علينا أن نميز ما بينها وبين المرض النفسي. فالصحة النفسية ليست مجرد نفي للمرض بل إن للصحة النفسية مكونات قد تغيب رغم غياب المرض.. فهي تتضمن التوازن الانفعالي والفكري، والإدراك الإيجابي للذات والانسجام ما بين الصورة الذاتية والصورة المجتمعية عن النفس، والقدرة على التكيف أو التغيير في حالة الطموح إلى دور مجتمعي آخر.

جدير بالذكر أن تحقيق هذه الحالة لا يمكن أن يتم بمعزل عن العالم المحيط، بل هو يتأثر تأثرًا مباشرًا بالعوامل الاقتصادية والاجتماعية والثقافية للمجتمع، وما إذا كانت هذه العوامل تدعم قِيَمًا مثل الحرية والإبداع وتحقيق الذات، إلخ، أم تمثل عقبة أمامها.. وبغض النظر عن طبيعة هذه العوامل فإن تأثرها عادة ما يكون شاملًا الغالبية العظمى من المواطنين، وفي حالة ما إذا كانت معيقة لتحقيق

التوازن النفسي، يبدو الأمر بعد حين وكأن اختلال الصحة النفسية هو الشيء الطبيعي، فتتضاعف المشكلة وتصبح المعاناة هي الأصل وغيابها هو الشيء الغريب.. وبالتالي يجب أن يكون واضحًا لنا أن اعتياد الشيء لا يعني بالضرورة أنه الصحيح.. وأن استقرار الأمور على ما هي عليه لسنوات وعقود لا يعني بالضرورة أيضًا أن هذه هي طبيعة الأمور التي لا مجال لتغييرها.

إذا عددنا الآليات المختلفة التي تشكل وجدان البشر وفكرهم ورؤيتهم للحياة والآخرين وأنفسهم لوجدنا أن آلية التعليم هي من أقوى هذه الآليات، فهي تستقبل المواطنين صغارًا، متفتحين لما سوف يخط على وجدانهم من قِيَم وأفكار ومُثل.. ترسم لهم الأدوار، تحدد الصواب والخطأ، وتحدد المرجعيات الأخلاقية والسلوكية (moral and behavioral terms of reference) وترسم بدايات الطريق الذي يستمر بالبشر إلى نهاية أعمارهم.. وبذلك تمثل مؤسسة التعليم المؤسسة الثانية في الأهمية بعد الأسرة.. وأحيانًا تتوازى معها في الأهمية في غرس القِيَم والمعتقدات وتشكيل المنظومة القيمية (value system) للأطفال والمراهقين.. وبغض النظر عن موقف تلاميذنا من مدارسهم.. وبغض النظر عن مدى قبولهم أو رفضهم لها فإنها تظل مصدرًا أساسيًّا لتحديد السلوكيات الاجتماعية المقبولة والمرفوضة.. **وبالتالي فإن المدرسة تلعب دورًا جوهريًا في تشكيل الضمير للتلاميذ من الجنسين.**

لكن التعليم لا يشكل هذه الأنا الأعلى وحدها.. فهناك الأسرة والإعلام ودوائر المعارف والأصدقاء، إلخ. فإذا اتفقت قِيَم الأسرة

والمدرسة والإعلام، إلخ، على قِيَم واحدة وكانت هذه القِيَم إيجابية لَكُنا محظوظين للإجماع على ما هو إيجابي.. ولو كانت قِيَم بعضهم إيجابية وقِيَم الآخر سلبية لَكُنا أقل حظًّا ولظل لدينا مجال للاختيار بين أكثر من طرح.. أما لو اجتمع الكل على قِيَم سلبية، تفرض التحكم والسيطرة وتنفي إنسانية الإنسان، فإننا نصبح في مأزق وفي حاجة ماسة إلى نموذج قِيَم تنويرية تعادل الخطاب السائد.

وقبل أن نتطرق إلى الرسالة التي تبثها العملية التعليمية في مصر لبناتنا يجب أن نتفق ولو بشكل عام على أن الموقف الاجتماعي من المرأة في مصر يختلف عن الموقف من الرجل.. وإن هذا الاختلاف لا يبدأ في سن المراهقة مثلًا أو عند بلوغ سن الرشد، وإنما يبدأ من لحظة الميلاد.. فالطفل الولد يأخذ مكانته الاجتماعية كرجل المستقبل، وله أن يتوقع حقوقًا معينة بمجرد كونه ذكرًا، والمولودة البنت لها أن تتوقع سلسلة من القيود والممارسات والأدوار المرتبطة فقط بكونها بنتًا وذلك منذ اللحظة الأولى من ميلادها، دونما فرصة لها من إثبات ما إذا كانت تستحق المزيد.. هذه التركيبة الفكرية هي الخطاب الاجتماعي المحدد للرجل والمرأة في مجتمعنا.. ولن نختلف أنه لا مساواة بين الاثنين وأنها لصالح الرجل.. ولن نختلف أن تبعية المرأة للرجل وأولوية الرجل على المرأة هي من القِيَم المبجلة في هذا المجتمع.. ولن نختلف أن الحرام قد يكون حرامًا للمرأة ولكنه حلال للرجل.. وأن هناك الكثير من التبريرات والتفسيرات الاجتماعية التي تبرر هذا التباين وتكرسه وهي في إجمالها ما تسير إليه بقِيَم المجتمع الذكوري.

هذه القِيَم الذكورية هي التي تبرر أن البنات يتسربن من المدارس بمعدلات أعلى منها بالنسبة للأولاد، وبغض النظر ومع كل الاتفاق عما قد يثار من أسباب اقتصادية لهذا التسرب أو التفسير إلا أن هذه المبررات تستند في النهاية إلى قِيَم مجتمع ذكوري يضع الرجل والصبي في مرتبة أعلى من المرأة والفتاة.. وهي نفس القِيَم التي تجعل من الوارد أن تشترط المدرسة أن ترتدي تلميذاتها الحجاب وهن بعد في طفولتهن المبكرة.. ولا تشترط بالمثل زيًّا إسلاميًّا خاصًّا للفتى.. نسوق هذا المثال لا دفاعًا عما يفترض فيه أنه زي إسلامي وإنما تأكيدًا أن التمييز يتم بأشكال صارخة وبدون منطق أحيانًا لمجرد تكريس التمييز والتراتبية في العلاقة بين الجنسين.. وهي نفس القِيَم التي تقول بأن الفتاة يجب أن تتعلم لتكون أمًّا صالحة وأن الولد يجب أن يكون مواطنًا صالحًا.. وكأن دور المرأة لا يتسع للمواطنة الكاملة.

من الهام أن نتفق على المنطق قبل أن نشرع في هذه المداخلة.. فمنطقنا يؤمن بأن المرأة إنسان متكامل وسوي، يحق لها المساواة في الحقوق والواجبات مثلها مثل الرجل، وهي تشكل نصف هذا المجتمع الذي يواجه أشد التحديات للحاق بركب التقدم ونحن في بداية القرن الواحد والعشرين.. فالسنوات القادمة لن تجد موقعًا فاعلًا لمجتمع يهمش نصف مواطنيه أو يفرض عليه التنازل عما قد يمتلكه من ملكات.. القرن القادم يستدعي مواطنين أقوياء أصحاء أسوياء، يعتقدون في قدراتهم الذهنية والإبداعية، تحترم آدميتهم وإنسانيتهم ويعملون من أجل تحقيق المعادلة الصعبة التي توائم

بين احتياجات وحقوق الفرد والجماعة.. فبماذا نحضر بناتنا لهذا القرن الجديد؟

فما هو الطريق الذي يرسمه النظام التعليمي في مصر؟ ما هي الفتاة المصرية التي تصوغها مقرراتنا، وما هي المُثل والقِيَم التي تبثها المؤسسة التعليمية في بناتنا للقيام بأي دور في المستقبل؟

كانت هذه المقدمة ضرورية لتقديم ما هو تالٍ في هذه المداخلة القصيرة والتي تستند إلى فرضيتين:

أولاهما تتعلق بديناميكيات العلاقة بين المدرس والتلاميذ.. إن أسلوب التعليم في مصر يقدم دعمًا للقهر الاجتماعي الواقع على الفتاة ثم المرأة.. فنظام التعليم في مدارسنا يعتمد على قيادة من المدرس أو المدرسة تقوم بتلقين معلومات يقينية إلى التلاميذ، فلا يُترك للتلاميذ مجال للوصول إلى الاستخلاصات من تلقاء أنفسهم ولا يجوز لهم التساؤل عن صحة هذه المعلومات أو مناقشتها.. وهو تقريبًا ما يحدث في إطار التربية الأسرية للفتاة.. فالصواب والخطأ منزَّلان لا يناقشان.. والمسموح والممنوع مقدسان لا جدال فيهما.. وكل منهما يقول إن هناك ما يجوز للولد ولا يجوز للبنت.. وإن عقاب البنت أشد من عقاب الولد لنفس الفِعل.. وإن البنت حين تكبر تصبح مسؤولة عن أخطائها، ولكنها أيضًا مسؤولة عن أخطاء الولد معها.. إلى آخر الرسائل التربوية التي لا نتصور أن أحدنا غائب عنها.. الإشكالية في هذه الرسائل أنها غير قابلة للنقاش أو التفسير أو المراجعة، وبالتالي فإن البنت تتعرض في المدرسة والأسرة لنمط من التعامل يؤكد لديها ضرورة الانصياع للسلطة.. لأي

سلطة.. وأن مجابهة هذه السلطة أمر لا يجوز، فتتعلم مبكرًا أن إعمال عقلها في الأشياء والقِيَم المحددة سابقًا ليس من أدوارها المقبولة اجتماعيًا.. فتشكل بذلك أجيالًا من النساء تقبل بالخضوع حتى وإن تعارض ذلك مع وجدانها واعتقادها لأن في كسر هذا الخنوع خروجًا عن المجتمع وبالتالي تُلفظ منه.. أما الولد فإن كان يتعرض في داخل المدرسة إلى نفس النمط التلقيني القمعي إلا أنه خارج أسوار المدرسة يجد خطابًا مختلفًا يقول له إنه قوّام على الفتاة.. قادر على التجربة والخطأ.. مصرح له بالتجاوز.. فيجد بديلًا عن الخطاب القمعي المدرسي.. ولأن الإنسان بطبيعته يسعى إلى كسر القيود نجد أن الصبي ينحاز إلى الخطاب الاجتماعي والأسري.. فيلفظ العلاقة المدرسية القمعية ويعتبرها خاصة بالمدرسة في حين يسمح له المجتمع خارج أسوارها بمساحة أكبر من الحرية واتخاذ القرار وممارسة السلطة.

الخلاصة إذن أن المدرسة تتعامل مع أولادها وبناتها بنفس الأسلوب الأبوي المتسلط.. ومع ذلك فإن الأولاد يجدون خارج أسوار المدرسة خطابًا آخر، في الأسرة والأفلام وبين الأصدقاء يؤكد على قوامتهم وقوتهم وسيادتهم على الجنس الآخر، أما البنات فإن الخطاب ينسجم داخل وخارج المدرسة ويكرس بذلك دورًا ثانويًا أو تابعًا أو مهمشًا لهن كفتيات ثم كنساء في المستقبل.

ثانية الفرضيتين تتعلق بمضمون المقررات التعليمية.. والتي تعكس في عدد من المواقع نمطية الأدوار الموكلة للنساء والرجال في المجتمع.. فـ«أمي تطبخ وأبي يعمل في الحقل» هو النمط

السائد في الوظائف الاجتماعية.. ففي هذا الصدد تظهر المناهج خطابًا برجوازيًّا محافظًا يحدد أدوار المرأة في أدوار منزلية في إطار الأسرة الحضرية النووية أو الريفية الممتدة السعيدة، حيث يعمل الرجل ويكافح خارج المنزل وتعمل زوجته داخل المنزل على راحة ورفاهية أفراد الأسرة في روح تضحية سامية.. تضحية المرأة إذن من أجل أسرتها، أما تضحية الرجل فمن أجل الوطن.. فلو أخذنا مناهج التاريخ مثلًا لوجدناه تاريخًا من الحروب والفتوح والانتصارات بطلها الرجل، في حين أن المرأة غائبة تمامًا عن أي إنجازات تاريخية.. حتى الملكة «حتشبسوت» يقتصر دورها في كتب التاريخ على بناء معبد الدير البحري.. وتختصر «إيزيس» الإلهة إلى زوجة تبحث عن رفات زوجها.. وفي مكان آخر يصف كتاب التاريخ للمرحلة الإعدادية المرأة الفرعونية فيقول: «وقد حرصت المرأة المصرية على الاهتمام بزينتها فاستخدمت أدوات الزينة مثل الكحل والأساور والعقود والخواتم والقلائد، إلخ. وكانت المرآة من أهم حاجات المرأة التي لا غنى عنها»، ولا يتصور أحد أن هذا ما كانت تتميز به المرأة الفرعونية في حضارة هي بشهادة الجميع من أعرق الحضارات، لعبت فيها المرأة أدوارًا وصلت إلى حد الألوهية، ولم يجد المقرر التعليمي ما هو جدير بالتدريس للأجيال الجديدة سوى أدوارها كزوجة تتجمل وتضحي من أجل زوجها.

أما في كتب القراءة فتبرز لنا هند واصف في بحثها عن «صورة المرأة في مناهج التعليم في مرحلتَي الإعدادي والثانوي» رسالتين

في مقدمة كتاب الصف الثالث الإعدادي، إحداهما موجهة من أب إلى ابنته، والأخرى موجهة من أب إلى ابنه، نسوقهما من باب المقارنة التي لا تستدعي تعليقًا: «يا ابنتي إذا أردتِ جمالًا يتحلى به الجسم ويزدان به العقل فابتعدي عن التزين المعيب لأن جمال النفوس أشرف من كل جمال، وإنه ليزين الوجه أن تبدو عليه دلائل الشرف والعزة **وإن الحياء لخير ما تتحصن به الفتاة**؛ لأنه أحق بها، ولن تسعد فتاة تخلت عن الحياء.. ولا يتحجر قلبُكِ أمام مناظر البؤس والفقر، بل يجب أن يرى منكِ البائسون **دموع الرثاء** لحالهم، فهي أجمل من اللآلئ لما تدل عليه من رحمة ورقة.. ذلك ما أطلبه منكِ.. **وأنتِ يا ابنتي لن تردي للأب مطلبًا...**». وعلى العكس من ذلك تكون الرسالة الموجهة إلى الابن: «الابن للأب هو المصباح المنير الذي يؤنسه في حياته؛ لذا فهو يفيض عليه من حنانه ما لا تستطيع الكلمات أن تعبر عنه.. الشاعر يحاول أن لا يكتم عن الناس بلسانه ما يشعر به من حبه العظيم لابنه، ولكن دموعه وقسمات وجهه تعلن ما يكتمه، وهو لا يرى عيبًا في ذلك لأن ابنه كان أقصى ما يتمناه، حتى إنه لا يريد من الحياة مزيدًا على سعادته بابنه.. وكل ما عداه ليس إلا زيادة تافهة يمكنه الاستغناء عنها.. وإذا مرض أو شكا من شيء فإن الدنيا تصبح كالصحراء الجافة الموحشة».. إذا كان هذا ما يُدرس في المدارس، فكيف للبنت أن تناقش أباها أو أمها في التمييز في المعاملة بينها وبين أخيها؟ وفي مكان آخر تقتبس لنا هند واصف: «مهمة الرجل أن يكد ويكدح ثم يضع نفسه رهن إشارة الأسرة التي بناها راضيًا مختارًا.. ومهمة المرأة أن توفق بين رزق

زوجها ومطالب مملكتها فتُضيق من دائرة ما تنفق بما يلائم الدخل.. وأهم من هذا وذاك أن تنزل إلى معترك الحياة عاملة مُجدة ما دامت حالة الأسرة معسرة وبيدها أن تيسرها، فنحن نعيش في زمن يقوم على تبادل النفع والانتفاع، وعلى كل من الزوجين أن يسهم بنصيبه من الجهاد في معركة الرزق».. هذا الاقتباس يعكس موقفًا واضحًا من حق المرأة في العمل.. فعمل المرأة هنا ليس حقًا طبيعيًا وإنما هو استجابة لحاجة اقتصادية مترتبة على عدم قدرة الزوج.. ثم إن كانت هذه الفقرة تثبت أن ما يدرس لتلاميذنا لا علاقة له بما يحدث فعلًا في المجتمع الذي يعيشون فيه.. فمن يقرأ هذه الكلمات لا يخطر على باله أنها صادرة عن مجتمع يعيش أكثر من ٢٥٪ من الأسر بإعالة المرأة وحدها.. مقرر خيالي لا يمت للواقع بصلة.

في فقرة أخرى من موضوع قراءة بعنوان: «وطنيات» يشار فيه إلى المرأة العربية: «كان تاريخ المرأة هو تاريخ الرجل.. وكان جهادها هو جهاده... وكان مجدها هو مجده... أعظم أم وأكرم زوجة.. وأصدق زميلة وصاحبة للرجل.. كانت صانعة التاريخ الحقيقي.. حيث إنها حملت وحضنت وأرشدت طفولة أعظم وأصدق وأبقى الرجال». المرأة دائمًا مضاف إليه.. عظمتها ليست فيما تنجزه وإنما في أنها تنجب وتربي العظماء.

أما في مقرر الاقتصاد المنزلي لنفس المرحلة التعليمية فتحديد الأدوار واضح:

١ ـ «للمرأة الحق في أن يوفر لها زوجها حياة كريمة مستقرة وأن ينفق عليها.. لها الحق في طلب الطلاق إذا أساء الزوج

معاشرتها واستحالت الحياة بينهما». (فهي مفعول به في الحالات الطبيعية، وفاعل إذا استحالت الحياة).

٢ ـ «يجب على الزوجة طاعة زوجها وأن تعمل على راحته واحترامه، وأن تحفظه في عرضه وماله ولا تخرج من منزله إلا بإذنه، وأن تشارك زوجها في المسؤوليات وتقدر إمكاناته وظروفه ولا تغالي في طلباتها، وتنظم النسل حفاظًا على صحتها وعلى صحة أولادها». حتى النسل الذي يحتم مشاركة الزوجة والزوج في إنجابه تقع مسؤولية تنظيمه ضمن مسؤوليات الزوجة.. فما هي مسؤوليات الرجل؟

٣ ـ «الإنفاق على الزوجة.. المشاركة في تربية الأبناء وأن يكون قدوة صالحة أمامهم (الاثنان يربيان لكن الرجل هو القدوة).. المعاونة في الأعمال المنزلية بقدر الإمكان.. احترام الزوجة في السر والعلانية والطاعة والاحتمال في مقابل الإنفاق والاحترام.. هذه هي معادلة الزواج التي تنقلها المقررات الدراسية لأبنائنا.. فهذا نمط إنساني.. بل إن الكتاب نفسه حين يتطرق في موقع آخر إلى أسباب التفكك الأسري يشير إلى سببين: أولهما نمط العلاقات داخل الأسرة، وثانيهما خروج المرأة للعمل».. وبذلك يجب أن تكون المرأة العاملة أو الراغبة في العمل مجهزة سلفًا لتحمُّل قدر كبير من الشعور بالذنب حيال ما قد يترتب على عملها من مضار للأسرة.. أوَلا يحدث ذلك فعلًا؟ أن تتحمل المرأة وحدها مسؤولية انحراف الأبناء وأحيانًا مرضهم وكأن الرجل ـ المفترض فيه

أن يكون قدوة ـ لا يلعب دورًا إيجابيًّا ـ سواء عن وعي أو بدونه ـ في تربيتهم.. إن الرسالة المتضمنة هنا هي أن الأبناء إذا شبوا أصحاء ونبلاء، فذلك لأن آباءهم كانوا قدوة، أما إذا تفككت الأسرة وانحرفوا، فلأن أمهاتهم كن يعملن.

وجدير بالذكر أنه من الوارد أن تتضمن المقررات التعليمية أشكالًا نمطية للنساء في حين يطرح عليهن الخطاب الاجتماعي والسياسي للدولة وللقوى الاجتماعية المختلفة دورًا آخر، فيترك بذلك مجالًا للاختيار بين نمطين أو شكلين من التفاعل الاجتماعي كما يطرح عددًا من الأدوار الممكنة لكي تختار البنات منها ما يجدن فيه تحقيقًا للذات وتشجيعًا من بعض الأطراف على الأقل.. ولنأخذ على سبيل المثال الفتاة والتلميذة في الستينيات.. لا يمكننا الادعاء بأن مقررات الستينيات كانت تختلف جوهريًا عنها اليوم.. ولكن خارج إطار المدرسة كان هناك خطاب يدعو إلى التنمية ويدعو إلى مشاركة الجميع رجالًا ونساء في هذا المشروع، ومن ثَمَّ فإن نموذج المدرسة كان يمكن أن يعادل بنموذج اجتماعي أو نموذج إعلامي لا يحصر الفتاة في دور واحد ثانوي.. مهما أشير إليه بتبجيل واحترام.. أما اليوم فإن الخطاب الاجتماعي الموجه للفتاة أصبح ينسجم انسجامًا شديدًا مع الصورة النمطية لمستقبلها كامرأة.

الحديث قد يطول بنا إلى ما لا نهاية في تعديد الفقرات والكلمات التي تبث رسالة مباشرة يمكن الاشتباك معها، وإنما تبث الرسالة متجزئة وتدريجية بحيث لا تكتمل الصورة إلا في وجدان الصبية والصبي.. فأي رجل هذا الذي سوف يتنازل عن

الحقوق المطلقة الموكلة له مدرسيًا وأسريًا واجتماعيًا من أجل فكرة رومانسية تقول بالمساواة بين كل البشر رجالًا ونساء؟ وأي امرأة هذه التي سوف تدفع ثمنًا أسريًا واجتماعيًا باهظًا لكسر نمطية الأدوار والفكر من أجل وجود إنساني أرقى؟ إن القِيَم التي نبثها في أبنائنا منذ الصغر تخلق مشاريع لرجال مسيطرين ونساء منسحقات.. مجتمعًا نصفه شعور بالعظمة غير المبررة ونصفه الآخر يعاني شعورًا بالذنب غير مبرر.. فهل هذا ما نُحضر أنفسنا به لدخول القرن الواحد والعشرين؟

الإيمان والصحة النفسية على عتبة القرن القادم

دُعيت لألقي المحاضرة الافتتاحية في المؤتمر العالمي للجمعية العالمية للطب النفسي، المنعقد في «همبورج» ـ أغسطس ١٩٩٩، والذي تم فيه ـ بحمد الله ـ انتخابي رئيسًا لهذه الجمعية، وذلك عن دور الإيمان في الصحة النفسية، خاصة أنه قد ثبت بعد كل التقدم التكنولوجي والثورة البيولوجية، وعلوم الهندسة الوراثية، ودور الإنترنت والاكتشافات الطبية، أن هذا التقدم العلمي قد أعطى المزيد من الراحة للإنسان، لكنه عجز عن إعطائه معنى لحياته، وظل يفتقر إلى مغزى لبقائه، وثبت أن ثمة فراغًا في حياة إنسان القرن العشرين لن يملأه إلا الإيمان. وكان ذلك من دواعي قبول دعوتي لإلقاء هذه المحاضرة والتي استغرقت ساعة كاملة، ولذا سأكتفي في هذا المقال بإعطاء الهيكل الأساسي الذي شيدت عليه فكرة هذه المحاضرة.

أعلن الفيلسوف الألماني «فردريك نيتشه» في عام ١٨٨٢، أن الله قد مات، وتصور «نيتشه» أن مجنونًا يجوب الشوارع باحثًا بجدية

عن الله، فانبرى المارة يسألونه ساخرين: أين ذهب الله؟ ويجيب المجنون على سؤال الناس: «نحن قتلناه، أنتم وأنا، نحن القتلة»، ويقال إنه منذ هذا الوقت فقد الأوروبيون التوجه الأساسي للحياة، وكأنهم في انتظار الفراغ أو العبث اللانهائي. وأصبح الأوروبيون يعدون الدين ستارًا لإخفاء الرغبات الجنسية، وقوة تدعيم العنصرية، من أيرلندا إلى البلقان، ولكن هذا لا ينفي الالتزام بالدين والإيمان في كثير من الناس. ويؤكد الخبراء أن العلمانية وصلت إلى قمتها في الثمانينيات، وطبقًا لإحصائيات معهد «تورينو» لدراسة الأديان يؤمن ٩٠٪ من الأوروبيين بوجود الله، وهي نسبة تزيد ٢٠٪ عن العقد السابق. أما الشباب الأوروبي، فقد ابتدع إيمان الخلط المناسب (Mix and Match)، أي أنه يشكل الالتزامات الأخلاقية على هواه، وأخذت البلاد الأوروبية التي كانت ملاذًا للمسيحية تمر بزمن الإيمان بالله، ولكن دون انتماء للدين، وتدل الإحصائيات الأخيرة أن ٣-٤٪ فقط من سكان باريس ترددوا بانتظام على الكنيسة في عام ١٩٩٨، وأن ٨٩٪ من البريطانيين لم يترددوا على الكنيسة بانتظام عام ١٩٩٥، وارتفعت النسبة في ١٩٩٩ إلى ٩٩٪ لم يترددوا على الكنيسة الإنجيلية، وعلى حين ينتمي ٨٥٪ من سكان السويد للكنيسة السويدية، فإن ٥٠٪ منهم لا يؤمنون بالعالم الآخر. ويعتقد الأوروبيون المعاصرون أن الدولة المتحضرة قد تولت دور وأهداف الدين، فبعد الحرب العالمية الثانية وانتشار الرعاية الاجتماعية والصحية، وظهور مجتمع الرفاهية، وخدمة الفرد تقلص دور الكنيسة وما كانت تؤديه من أعمال الخير، ويقول أحد الفلاسفة الأوروبيين: «إن دور الدولة

المعاصرة في رعاية القِيَم والأخلاقيات الإنسانية والخدمات التي تقدمها جعلت الحصول على هذه الخدمات من خلال الكنيسة عبثًا». وتقول إحدى الأوروبيات الشابات: «أنا لا أفكر في الله إلا عند زيارة إحدى الكنائس الجميلة في إيطاليا، أو عندما أشاهد في التلفزيون ما يحدث في كوسوفو أو البوسنة أو رواندا، وأعتقد أن معظم أصدقائي يفكرون بنفس الطريقة. ولكنني أشعر أنني أفتقد شيئًا ما، كما أحس بخواء داخلي، وأنا على يقين بأن إيماني بالله سيمنحني الكثير من القوة والاطمئنان، وأنني ألمس هذه الطمأنينة بوضوح عندما أتطلع إلى جدتي!».

ولا نستطيع أن نغفل أن الحياة السياسية في العالم تتأثر بالدين سواء إلى الأفضل أو الأسوأ، فقد نجحت الثورة الإيرانية بفضل عودة نشاط الدعوة الإسلامية، وكذلك نجحت أفغانستان في طرد الروس من خلال الدعوة الإسلامية، ونرى الآن ما يحدث في كوسوفو والبوسنة والشيشان وداغستان، كما قد حاول اليمين المسيحي في الولايات المتحدة العودة إلى استغلال الدين، وكذلك متطرفو الصهيونية في إسرائيل، ولا توجد حكومة في العالم الآن تستطيع تجاهل الدين، وخير مثل لتأثير التطرف الديني هو اغتيال السادات في مصر و«رابين» في إسرائيل.

ويعتبر التطرف الديني محاولة يائسة لعودة الإيمان بالله، فهؤلاء يؤمنون بأن المجتمعات الحديثة تحاول وَأَدَ الدين والإيمان، ومن ثَمَّ ينبغي التخلص منهم، والمتطرفون في الأديان السماوية (الإسلام، والمسيحية، واليهودية) مقتنعون بأن مجتمعاتهم

العلمانية تحاول إبادتهم، ومن ثَمَّ يجب عليهم الصمود واللجوء إلى الإرهاب.

وللأسف الشديد فإن النجاح العلمي، والعلمانية المنطقية أعطيا انطباعًا بأن هذا هو الطريق الصواب، وبدأوا يعتقدون بأن الله حقيقة موضوعية مثلها مثل الذرة، فإذا لم تُثبت النتائج العلمية وجوده يحق لنا أن نفقد الإيمان، ومن هنا أدى عدم اكتراثنا بطمأنينة الإيمان والسلام الداخلي إلى فقدان هذا الإحساس الرباني.

خُلق الإنسان تحدوه رغبة ملحة في التأمل المتسامي والإحساس بنشوة الخالق، وأن الحياة لها قيمتها ومعناها، وأنه بدون ذلك كله يصبح الإنسان كالحيوان.

إن إهمال الروحانيات والإيمان بالدين والحب والسلام قد كبد أوروبا أثناء الحربين العالميتين الأولى والثانية ما لا يقل عن ٧٠ مليون نسمة وذلك لصراعات سياسية. ولذا يجب الاجتهاد المستمر في فقه الأديان السماوية حتى تواكب التغيرات العلمية والتكنولوجية، لأنه من الاستحالة اتباع الفقه الحالي على غرار فقه الأسلاف، فالعالم قد تغير، وإن لم تواكب الأديان السماوية هذه التغيرات بفكر جديد وسماحة مرنة، فستفقد هذه الأديان كثيرًا من أتباعها، وستعم العلمانية التي قد تؤدي إلى هلاك الإنسان.

إن تغيير مفاهيم الأديان السماوية مع المتغيرات الثقافية والعلمية إنقاذ للبشر من هلاك الكفر والإلحاد. ويخلط العامة بين الروحانيات والدين، فالدين هو ممارسة الطقوس الخاصة بروحانيات العقيدة من قِيَم وأخلاقيات ومسلك، وتعرف منظمة الصحة العالمية الصحة

بأنها ليست غياب المرض أو العجز وإنما هي التمتع بجودة الحياة الجسدية والاجتماعية والنفسية، وقد أراد البعض إضافة البُعد الروحي ولكن باءت هذه المحاولات بالفشل حتى الآن، ولو أنني أعتقد أنها لو أُضيفت فستضيف بُعدًا هامًا في صحة الإنسان.

وقد كشفت الأبحاث المختلفة في أوروبا والولايات المتحدة أن الأطباء النفسيين أقل إيمانًا من باقي مجموع الشعب، وأنهم أقل تفكيرًا في النواحي الروحية والدينية من آبائهم، بينما وجدت العكس في البلاد الإسلامية حيث تبين أن الأطباء النفسيين أكثر تدينًا من مجموع الشعب ولا يختلفون عن آبائهم في عمق إيمانهم. ويعود الاختلاف إلى أن الغرب يتبنى نظرية التحليل النفسي لـ«فرويد» الذي اتخذ موقفًا خاصًا من الدين، وأن الإيمان بالله يسبب الشعور بالذنب والاتكالية والاعتمادية الضارة ببناء الشخصية. ومن الأسف أن العاملين بحقل الصحة النفسية يخلطون بين الدجل والخرافات، والتطرف وعدم التسامح، وبين الدين والإيمان، مما جعل البعض يصف هذا الموقف في الطب النفسي بـ«كبت الدين». ومن هنا وجب علينا أن نفرق بين الضلال وهو اعتقاد خاطئ مَرَضي غير قابل للمنطق أو المناقشة وقد يكون في هيئة عظمة كأن يكون رسولًا أو نبيًا أو مخترعًا، أو في هيئة اضطهاد وأن أجهزة الأمن والمخابرات الأمريكية تراقبه، أما الوسواس فهو أفكار وطقوس، فهنا يتبين للفرد أنها فكرة سخيفة ويحاول مقاومتها ولكنها تسيطر عليه، أما الإيمان الديني فهو إحساس داخلي ليس له علاقة بالأفكار الضلالية أو القهرية.

ونظرًا للعلاقة الوثيقة بين درجة الإيمان والصحة النفسية، زاد

الاهتمام حديثًا بالبحوث الدينية والروحية كأحد معدلات العلاج النفسي، والانتحار، والإدمان، والطب الإكلينيكي، وأعني أن الإيمان له دور متزايد في تخفيض حدة الألم وتحسين مآل الشفاء في الظواهر السابقة.

إن أهمية المعدل الديني في الفحص النفسي يفتقر إلى الاختبارات المقننة لقياس درجة الإيمان أو التدين، ونحتاج لمثل هذه الاختبارات حتى يكون مقياسنا صادقًا وثابتًا، وعند استرجاع كل ما نُشر في المجلات النفسية العالمية لمدة ١٢ عامًا، وجِد أن ٩٢٪ من المترددين على أماكن العبادة، ويؤدون الصلاة بانتظام، ويشاركون في الطقوس الدينية، كان له أثر واضح في الصحة النفسية، وكذلك وجدنا في أبحاثنا في مصر والبلاد العربية أن التردد على المسجد أو الكنيسة أحد عوامل الحماية ضد التعرض للاكتئاب. فيجب ألا نكتفي بسؤال المريض هل هو متدين ويؤدي الفروض أم لا، ولكن نؤكد ماذا تعني العقيدة والدين له.

لقد آن الأوان ونحن على مشارف القرن القادم، لتغيير فكرة الطب النفسي عن الإيمان، وأن يكون أحد المعدلات الهامة لقياس الصحة النفسية، وإذا استعرضنا ٣٧٧٧ مقالًا في الطب النفسي منشورة في أكبر أربع مجلات عالمية متخصصة، لوجدنا أن ثلاثة فقط من هذه المقالات ذكرت البُعد الديني.

وقد اتخذ التصنيف الأمريكي الرابع للأمراض النفسية موقفًا جادًّا هادفًا، إذ أضاف فصلًا كاملًا عن المشاكل الروحية والدينية، علاوة على الفصل الخاص بالاختلافات الحضارية في الطب النفسي.

إن الفشل في احتواء الإيمان في تفكير الطب النفسي سيؤدي إلى ابتعاد هذا التخصص عن تجارب الحياة والفرد اليومية، كما أن المقولة بأن الدين هو أفيون الشعوب هي مقولة غير سليمة ويشوبها كثير من شطحات السلوك السياسي المعوج، فكل الأديان تدعو إلى العمل والثراء والخير، ولكن يجب أن يكون للضعيف والمريض الذي لم يؤهله ذكاؤه المتواضع للنجاح الفرصة لتلقي الخير وللأمل في العالم الآخر، والحق أن العالم يجتاز حالة من الحيرة بسبب المجتمع الاستهلاكي واقتناص اللذة الفورية والإشباع المادي. وإذا نظرنا إلى العقائد المختلفة، فسنجد إجماعًا على أن الإشباع المادي ليس هو هدف الحياة.

فالهندوكية تقول: «عندما تمتلك كنز القناعة فأنت تملك كل شيء».

وفي الإسلام: «إنه لمن الصعب لمن يمتلك الكثير أن يتسلق طريق الرضا، وإن الغنى هو غنى النفس ورضاء العقل لا وفرة الملذات».

وفي الطاوية: «الغني هو من يعرف أنه يملك ما يكفيه».

وفي المسيحية: «حياة الإنسان لا تعني وفرة ممتلكاته».

وفي الكونفوشيوسية: «تتساوى الوفرة والافتقار في الخطأ».

وفي البوذية: «إن التعطش للثراء يؤدي بالإنسان الغني إلى تحطيم ذاته وكأنه عدو نفسه».

والحمد لله لأن الدين في عالمنا العربي هو نسيج حياتنا، بغض النظر عن نوعية الدين أو ممارسة الطقوس الدينية أو إهمالها. وتتشكل شخصية الإنسان المصري أو العربي سواء في المنزل أو المدرسة أو

المجتمع من خلال هذا النسيج الديني، ولذا فتأثير الإيمان وممارسة الدين في مجتمعنا له علاقة واضحة بالصحة النفسية.

إن للإيمان والتدين جانبًا إيجابيًا من ناحية قبول الإنسان لذاته ضعفًا وقوة «رحم الله امرأً عرف قدر نفسه»، وكذلك التوكل على الله لا الاتكال والنكوص عن بذل الجهد الكافي، وكذلك امتداد الوعي بالغيبيات والتأمل المتسامي الذي يكفل الطمأنينة، وللأسف إن الدين يُستغل أحيانًا لأسباب سياسية وعنصرية كالتعصب والتطرف والتطهير العِرقي والإرهاب جنبًا إلى جنب مع عمليات دفاعية لاشعورية مثل الإسقاط وتناقض المشاعر والإنكار، إلخ.

وإذا نظرنا إلى اللغة الهندية، نجد أنه لا توجد كلمة مرادفة لكلمة الدين، وأقرب المعاني هو «الدارما»، وهو مزيج من النظام الكوني، القوانين المقدسة، والواجبات الدينية، ففي الأديان السماوية يوجد إله واحد وكتاب واحد، ونبي أخير، على حين تسيطر الفلسفة والأساطير في الهندوكية والبوذية.

ولا عجب أن نجد المسلمين في كل مكان يتعجبون ويتهامسون ولا يستطيعون إدراك التسيب الخلقي في المجتمعات الغربية وانتشار ظواهر مثل الشذوذ الجنسي دون أدنى شعور بالذنب، مما جعلهم يؤمنون عن اقتناع أنه ولو أن الغرب قد انتصر اقتصاديًّا وسياسيًّا على الشرق إلا أنه غرق في بحر من الظلمات والآثام والتحلل الخلقي.

إن الاختزال العلمي للحياة أصبح غير ذي جدوى؛ حيث أصبح الالتصاق واضحًا بين الثقافات الروحية والعلمية خاصة بعد التطور

الجديد في نظرية الشواش والفيزياء الكمية (Chaos theory and Quantum Physics). إن وظيفة الصحة النفسية هي خلق التناسق والتآزر بين الفرد وذاته وبين الفرد والآخرين. والصحة النفسية لا تعيش بمنأى عن الصحة الجسدية ولا تستطيع أن تجد صحة جسدية دون نفسية أو صحة نفسية دون جسدية، وكأنما الصحة سراب لا يُرى، فهي موجودة دائمًا حتى في غياب المرض تمامًا مثل وجود السماء بالرغم من اختفائها تحت السحاب، فالطب الذي يعتمد على العلم فقط دون أساس روحي عبارة عن طب ميكانيكي غير إنساني، وتعني كلمة الروحانية نظامًا يؤكد وجود دافع غير مادي لا تدركه الأحاسيس البشرية أو أي فلسفة تؤمن بخلود الروح.

ويلعب الإيمان دورًا هامًا في تكوين الأعراض النفسية، بل أيضًا في العلاج، فالأعراض تختلف حسب النشأة الدينية، وفي أحد أبحاثنا عن مرض الوسواس القهري وجدنا أن ٦٠٪ من الأعراض له علاقة بالدين سواء في أعراض الوسوسة في الوضوء، الصلاة، الحلال، الحرام، النجاسة، الطهارة، بل وأحيانًا ما تكون الأفكار الوسواسية في هيئة العيب في الذات الإلهية، ويتميز مرض الوسواس بأن المريض يكون على يقين بلا معقولية هذا السلوك وهذه الأفكار، والطريف أن اللغة العربية هي الوحيدة التي تجمع بين الشيطان «الوسواس الخناس» وبين مرض «الوسواس القهري»، ولذا يخلط المرضى بين المرض والشيطان في المتكلمين بالعربية، حتى المحتوى للضلالات أو الاعتقادات الخاطئة في المريض العقلي يتبع نفس النشأة الدينية، فيعتقد المريض خطأً أنه المهدي المنتظر أو أن عليه رسالة سماوية

أو أنه قد نزل عليه الوحي بأفكار معينة، بل إذا نظرنا للاضطرابات الانشقاقية وازدواج الشخصية فعادة ما يؤول ذلك إلى اللبس أو المس بواسطة الجن أو الأسياد، وهنا نستطيع القول إنه من الاستحالة علاج حالة نفسية دون معرفة الثقافة والحضارة والنشأة التي يتبعها المريض النفسي وتأثير الدين في المجتمع المصري والعربي تأثيرًا واضحًا، وإذا أردنا النجاح في تنظيم النسل أو مكافحة الإدمان أو زيادة الوعي بالمرض النفسي فعلينا الارتفاع بوعي رجال الدين بهذه المشاكل؛ لأن المواطن المصري شديد التأثر بالناحية الدينية.

وتوجد فروق كبيرة بين المجتمعات المحافِظة التقليدية والمجتمعات الغربية، فمثلًا يعتمد المجتمع الأوروبي على أن الفرد له استقلاله الذاتي ولا يهتم إلا بالأسرة الصغيرة، أي الزوجة والأولاد، وأن مستواه الاجتماعي يعتمد على أدائه الفردي، أما المجتمعات التقليدية مثل المجتمع العربي أو الياباني أو الهندي، فالأساس عنده هو الأسرة والمجتمع وليس الفرد، والاهتمام يشمل العائلة كلها، أي أنه مجتمع يتمركز حول المجموع وليس حول الفرد.

إن المجتمع الإسلامي على يقين أن المرض وشفاءه هو بإرادة الله، ولذا كان قبول المحن والمآسي والمرض جزءًا من الإيمان، ومن النادر أن يؤول المريض في هذه المجتمعات أسباب المرض والوفاة إلى فشل الطب، بل هي إرادة الله، ويختلف ذلك تمامًا عن المجتمعات الغربية الذين يؤمنون بأن كل الأمراض والشفاء بيد الإنسان دون تدخل من الله، ويجب أن نفرق هنا بين التوكل على

الله عند المؤمن والاتكالية التي هي كسل لا يبيحه الإيمان. وقد قمنا بعمل بعض الأبحاث الانتشارية للمرض النفسي، ووجِد أن حوالي ٧٠٪ من المرضى النفسيين يترددون على العلاجات الشعبية وشبه الدينية قبل اللجوء إلى الطبيب، ولا ننسى أن الرعاية في القرى والمراكز وبعض المدن تتحقق من خلال زيارة المشايخ وعمل الحجاب والقراءات الدينية وعمل الزار، إلخ، وذلك لانخفاض ثقافة المواطن بالصحة النفسية.

وللأسف فإن الكثيرين حتى الآن يؤولون المرض النفسي خطأً بأنه نتيجة قلة الإيمان وضعف الشخصية وعدم التمسك بأهداب الدين والكسل أو الجنون. ولا يعرفون الطفرة التي حدثت في الطب النفسي، وأن كل الأمراض النفسية ما هي إلا تغيرات كيميائية وفسيولوجية في المخ، وأحيانًا حتى في نسيج المخ، وأن تفاعل كروب البيئة على المخ شديدة، وأنه لا يمكن الشفاء إلا بإعادة التوازن لكيمياء المخ. ومن المعتقدات الخاطئة عن الدين أن ثمة علاقة بين الإنسان والجن، وأن المجنون هو مَن مسه الجن، وإذا رجعنا إلى اللغة العربية لوجدنا أن كلمة «جن» تعني اختفى أو استتر. فالجن أحد مخلوقات الله الخفية التي لا يراها أو يسمعها أو يتزاوج معها أو يتكلم أو يتقارب منها الإنسان، وإلا خالف المعنى القرآني؛ لأن كثيرًا من المرضى عندما يُذكر الجن سرعان ما يتطوعون بالقول إنه ذكر في القرآن، ولكنه سوء التأويل على أيديهم، وكذلك اشتق من كلمة جن الجنين؛ أي ستار حوله، أي الرحم، والجنة ستار على إدراكها، والمجنون ستار على عقله، وقد ذكرت كلمة المجنون في القرآن

خمس مرات وصفًا للأنبياء وكيف استقبلهم وأدركهم العامة عند قيامهم بإرشادهم بالأديان السماوية، أي أن لفظ مجنون في القرآن يعني مَن يخالف المجتمع وليس بالمريض العقلي، وأريد أن أؤكد هنا أنه لا يوجد تشخيص في قاموس الطب النفسي يسمى بالمجنون، بل يوجد المرض النفسي أو العصابي، والمرض العقلي أو الذهاني، ولكن أسيء لفظ المجنون بواسطة الإعلام وحتى الأطباء لوصف كل الأمراض النفسية.

وأعتقد أن الإيمان يلعب دورًا هامًا في تغيير كيميائية المخ من مهدئات ومطمئنات وأفيونات، مما يعطي الطمأنينة والسلام والأمل، ويخفف من حدة الآلام النفسية والجسدية. ونتعجب عندما نعلم أنه توجد عقاقير ربانية لم نكتشف وجودها بالمخ إلا بعد سنوات من اكتشاف مرادفها، فقد تم اكتشاف المورفين والهيروين والكودايين قبل أن نعرف أن الله قد خلق مستقبلات أفيونية في المخ تفرز الأفيون الداخلي لتخفيف الألم، اكتشفنا الفاليوم كعقار مهدئ، وبعدها علمنا أن الله قد خلق مستقبلات الجابا بالمخ التي تفرز موصلات عصبية مهدئة ومطمئنة، واكتشفنا عقاقير للاكتئاب، وبعدها علمنا أن الله قد خلق مستقبلات السيروتونين المسؤولة عن المزاج، وأخيرًا اكتشف العلماء مستقبلات مخية شبيهة بالحشيش، أي أن عظمة الله سبحانه تتجلى في خلق كل هذه المطمئنات والأفيونات لكي يخفف من آلام الإنسان، فالكلمة الطيبة تزيد من مهدئات المخ، والحب الصادق يزيد من مطمئنات المخ، والعمل الصالح يرفع من نسبة هذه المواد، بل ثبت أخيرًا أن الغضب والقلق والاكتئاب هي عوامل تقلل من عمل

جهاز المناعة، وتجعل الإنسان عرضة لأمراض المناعة من الروماتيزم والسكر وأمراض الشريان التاجي وجلطة القلب وسكتة المخ، كما أن الحالة النفسية لها علاقة واضحة بكل أجهزة الجسم.

لقد تقدم العلم، وتطورت التكنولوجيا وأصبح الإنسان ينعم برفاهية مادية استهلاكية، ولكن هذا لم يمنع الاغتراب والاكتئاب واليأس، وإذا بنا نعيش في متاهة حياتية وفراغ نفسي وإيمان بعبث في قيمة الحياة وعدم وجود معنى لها.

إن العودة إلى الإيمان هي الملاذ الأمثل للصحة النفسية، والصحة النفسية هي إسباغ الجودة على الحياة. إن طول الحياة دون جودتها هو مغنم أجوف. ولن يتمتع الإنسان المعاصر بالصحة النفسية إلا إذا عاد للإيمان، وأعني بالإيمان كل العقائد التي تحض على الفضيلة والتضحية والتمركز حول الآخرين والابتعاد عن التمركز حول الذات.

عن المؤلف

ـ أستاذ الطب النفسي طب عين شمس.

ـ مؤسس ورئيس مركز بحوث منظمة الصحة العالمية للصحة النفسية ـ مركز الطب النفسي ـ بجامعة عين شمس.

ـ رئيس الجمعية العالمية للطب النفسي (٢٠٠٢-٢٠٠٥).

ـ رئيس الجمعية المصرية للطب النفسي.

ـ الرئيس الفخري لاتحاد الأطباء النفسيين العرب.

ـ رئيس الجمعية المصرية للطب النفسي البيولوجي.

ـ رئيس لجنة القِيَم والأخلاقيات للطب النفسي بالجمعية العالمية للطب النفسي.

ـ عضو المجلس القومي للصحة النفسية، وعضو المجلس الأعلى للثقافة.

ـ مقرر اللجنة الاستشارية التخصصية للقطاع الطبي بالمجلس الأعلى للجامعات.

ـ مقرر اللجنة الاستشارية التخصصية للطب النفسي بالمجلس الأعلى للجامعات المصرية.

ـ رئيس اللجنة العلمية لزمالة الطب النفسي المصرية.

ـ مؤسس ورئيس فخري لهيئة تحرير المجلة المصرية للطب النفسي، مجلة الشرق الأوسط للطب النفسي المعاصر.

ـ مؤسس ورئيس تحرير المجلة العالمية للطب النفسي باللغة العربية.

ـ رئيس وعضو هيئة تحرير في ٢٣ مجلة طب نفسي محلية وعالمية.

ـ ألف واشترك في تأليف ٤٧ كتابًا باللغة العربية والإنجليزية، تم نشر اثني عشر منها بالخارج، ومائتين وستة وسبعين بحثًا عالميًا في مجالات الطب النفسي والعصبي والعلوم السلوكية والاجتماعية نُشرت في المجلات العلمية، العالمية والمحلية.

ـ أشرف على أربع وثمانين رسالة دكتوراه، وعلى مائة وسبع وأربعين رسالة ماجستير في الطب والآداب.

ـ الزمالة والدكتوراه الفخرية من عدة جامعات وجمعيات عالمية منها جامعة لوزان بسويسرا، إدنبرة بإسكتلندا، ولودفج مكسيميليان بألمانيا.

ـ الجائزة التقديرية الرئاسية من الجمعية الأمريكية للطب النفسي سنة ٢٠٠٦.

ـ حائز من أكاديمية البحث العلمي على:
جائزة الدولة التقديرية في الإبداع الطبي لسنة ٢٠٠٠
جائزة الدولة التقديرية في العلوم الطبية لسنة ٢٠٠٧
جائزة النيل (مبارك) في العلوم الطبية لسنة ٢٠١٠
وسام العلوم والفنون من الطبقة الأولى لسنة ٢٠١٣

ـ عضو المجلس الرئاسي الاستشاري لكبار علماء مصر (الصحة النفسية والتوافق المجتمعي).